Königs Erläuterungen und Materialien
Band 117

Erläuterungen zu

William Shakespeare

Macbeth

von Maria-Felicitas Herforth

Bange Verlag

Über die Autorin dieser Erläuterung:

Maria-Felicitas Herforth, geboren 1980, Studium der Anglistik und Germanistik an der Ruhr-Universität Bochum seit 1999, Studienaufenthalt in Großbritannien (2001–2002), Autorin von Königs Erläuterungen.

4. Auflage 2007
ISBN 978-3-8044-1771-7

Titelabbildung: William Shakespeare
Druck und Weiterverarbeitung: Tiskárna Akcent, Vimperk

Vorwort

Bereits Ben Jonson, Freund und Konkurrent Shakespeares, prophezeite in einem seiner Gedichte die nachhaltige und einzigartige Wirkung des großen Dramatikers William Shakespeare: „Er war nicht von einer Zeit, sondern für alle Zeit"[1].

Obwohl Shakespeare ein Repräsentant der Elisabethanischen Kultur Englands Ende des 16. und Anfang des 17. Jahrhunderts ist und seine Kunst insbesondere in der sprachlichen Ausdruckskraft liegt, ist sein Werk international. In Deutschland wurde Shakespeare nach seinen ersten Übertragungen ins Deutsche neben Goethe und Schiller als ‚dritter deutscher Klassiker' betrachtet. Die Deutung seiner Dramen wurde zu einer eigenen Tradition entwickelt und hatte nachhaltigen Einfluss auf das deutsche Drama. Heute ist neben *Hamlet* insbesondere die *Macbeth*-Lektüre ein bedeutender Unterrichtsgegenstand an Schulen und Hochschulen. Das vielfältige Drama galt zu den verschiedensten Zeiten als blutrünstiges Schauerstück, als kunstvoll gestaltete Parabel, als wahrhaftige Tragödie oder als einzigartige Darstellung und Erörterung der menschlichen Seele. Jede Epoche findet einen neuen und ihr gemäßen Deutungsansatz, den sowohl ästhetische Richtungen als auch ideologische Gesetze beeinflussen, die Deutung des *Macbeth* wird niemals abgeschlossen sein.

Der vorliegende Erläuterungsband soll die Lektüre dieses Werkes erleichtern. Es wird ein Gesamtüberblick über die wichtigsten Themen und Strukturprinzipien gegeben, der sowohl Ergänzung als auch Anregung für eine unterrichtliche Beschäftigung mit dem Drama sein kann. Komplizierte Zusammen-

1 Abrams, M. H., Greenblatt, Stephen (Hrsg.): *The Norton Anthology of English Literature*. Seventh Edition, Volume 1. New York, London: W. W. Norton & Company 2000, S. 1027.

hänge werden verständlich zusammengefasst und mit grafischer Unterstützung veranschaulicht. Die für das Verständnis des Dramas **hilfreichen historischen Kenntnisse** werden **im Überblick** dargestellt (**Kapitel 1.2**), **Schaubilder** über Hintergrund und Kompositionsstruktur des Dramas befinden sich in den **Kapiteln 1.2, 2.1 und 2.3**. **Bildmaterial** zur Illustration des zeit- und theatergeschichtlichen Hintergrunds von *Macbeth* ist in **Kapitel 5** zu finden. Dem interessierten Leser bietet der Band außerdem anhand von Aufsatzthemen und Lösungshilfen eine praktische Möglichkeit, sein Verständnis des Werkes zu prüfen und zu verinnerlichen.

Die folgende Analyse richtet sich nach der zweisprachigen Reclam-Ausgabe in der Übersetzung von Barbara Rojahn-Deyk, *Shakespeare, William: Macbeth. Englisch und Deutsch. Stuttgart: Philipp Reclam jun., 1996 (Universal-Bibliothek Nr. 9870)*. Die Seitenangaben von Textzitaten sind an der jeweiligen Stelle im Text aufgeführt, die Quellenangaben der verwendeten Sekundärliteratur befinden sich in den entsprechenden Fußnoten.

1. William Shakespeare: Leben und Werk

1.1 Biografie

Jahr	Ort	Ereignis	Alter
1564	Stratford-upon-Avon	Am 26. April wird William Shakespeare als ältestes von acht Kindern John und Mary Shakespeares geboren.	
1582	Stratford-upon-Avon	Heirat mit Anne Hathaway, Tochter eines bedeutenden Bauern aus der Nähe von Stratford.	18
1583	Stratford-upon-Avon	Geburt der ersten Tochter Susanna.	19
1585	Stratford-upon-Avon	Geburt der Zwillinge Hamnet und Judith.	21
1592	London	Shakespeare wird zum ersten Mal als Theatermann in London erwähnt. Robert Greene, Dramatiker und Gelegenheitsschriftsteller, greift in einer Schrift Schauspieler an, die sich an Dichter hängen und mit deren Texten ihre Erfolge erzielen würden. So insbesondere ein gewisser „Shake-scene", ein Emporkömmling, der sich mit fremden Federn schmücke, sich mit dem Herzen eines Tigers in	28

Jahr	Ort	Ereignis	Alter
		der Gestalt eines Schauspielers verstecke und meine, er könne Blankverse schreiben. Obwohl Shakespeares Name nur in dem Wortspiel Shake-scene genannt wird, weist u. a. das parodierte Zitat der Tigerherz-Stelle aus Shakespeares *Henry VI* (I, 4, V. 137) auf den Dramatiker hin. Bereits wenige Wochen später wird dieser Vorwurf jedoch durch den Verweis auf Shakespeares Künstlertum wieder zurückgenommen[2].	
1593/94		*Venus and Adonis* *The Rape of Lucrece*	29/30
1594	London	Ende 1594 gehört Shakespeare zu den namhaftesten Mitgliedern der *Lord Chamberlain's Men*, einer führenden Schauspielertruppe. Shakespeares künstlerische, finanzielle und gesellschaftliche Karriere beginnt.	30
1596	Stratford; London	Tod des Sohnes Hamnet. Im Oktober verleiht das *Königliche Wappenamt* John Shakespeare, Gentleman, und seinen Kindern und Enkeln das Recht, ein vom Amt entworfenes Wappen zu führen.	31

2 Suerbaum, Ulrich: *Shakespeares Dramen*. Tübingen und Basel: A. Francke Verlag 2001, S. 243.

Jahr	Ort	Ereignis	Alter
1597	Stratford-upon-Avon	Kauf des Herrensitzes *New Place* in Stratford.	32
1598		Lob Shakespeares modernen Künstlertums in Francis Meres' *Palladis Tamia*.	33
1599	London	Teilhaberschaft an dem neu errichteten Globe-Theater.	34
1601		Tod des Vaters John Shakespeare.	36
1603	London	Shakespeares Theatertruppe *The Lord Chamberlain's Men* wird zur königlichen Truppe James' I (*The King's Men*).	38
1609	London	Aufführungen der *King's Men* im Blackfriars-Theater.	44
1616	Stratford-upon-Avon	Tod William Shakespeares am 23. April (drei Tage vor seinem 52. Geburtstag). Beisetzung am 25. April in der *Holy Trinity Church*, Stratford[3].	51

3 Abrams, Greenblatt (Hrsg.), S. 1026 f.

1.2 Zeitgeschichtlicher Hintergrund

William Shakespeare (1564–1616) hatte seine produktivste Phase während des Elisabethanischen Zeitalters, jener Epoche der **Regierungszeit Elisabeths I. von England (1558–1603)** bis hinein in die Ära der Stuarts.

Weitreichender Einfluss des Elisabethanischen Zeitalters auf die europäische Literatur

Das **Elisabethanische Zeitalter** gilt als eine der bedeutendsten literarhistorischen Epochen am Beginn der Neuzeit, die bis zur Moderne die englische sowie die europäische Literatur in allen Gattungen, insbesondere im Drama, beeinflusste.

Am 17. November 1558 trat Elisabeth I., Tochter von Henry VIII. und Anne Boleyn, die Nachfolge ihrer Halbschwester an, der mit Philipp II. von Spanien verheirateten Mary I. von England (1553–1558). Die im Gegensatz zu Elisabeth I. streng katholische Mary I. hatte versucht, durch Verfolgung der Protestanten in den fünfziger Jahren des 16. Jahrhunderts den von Henry VIII. durch die anglikanische Kirche ersetzten Katholizismus wieder einzuführen (‚*Bloody Mary*'). Als neue Königin von England führte Elisabeth I. die **Reformation in der Form der anglikanischen Kirche** fort, ließ im Jahre 1587 nach langem Zögern ihre katholische Nebenbuhlerin Maria Stuart hinrichten und erzielte mit der Vernichtung der spanischen Kriegsflotte Armada im Jahre 1588 einen bedeutenden Sieg im Krieg gegen Spanien. **Elisabeth I. war die letzte Königin der Tudors**. Ihr **Nachfolger** wurde auf die Empfehlung ihres eng vertrauten politischen Ratgebers Sir William Cecil (1520–1598) hin **James VI. von Schottland**, der Sohn von Maria Stuart und Lord Danley. Als **James I. von England (Reg. 1603–1625)** leitete dieser nach Elisabeths I. Tod am 24. März 1603 die **Stuart-Ära** ein.

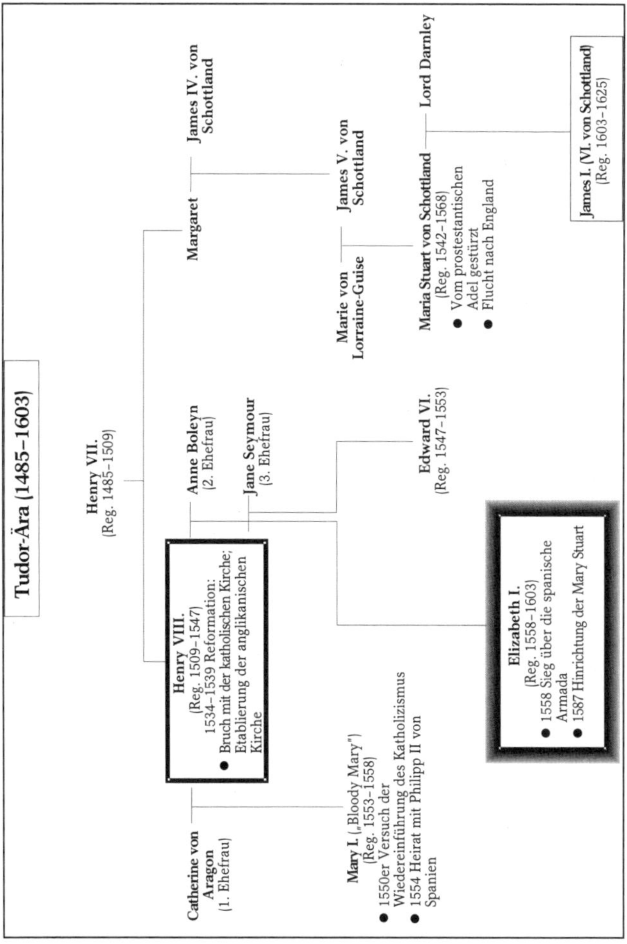
Tudor-Ära (1485–1603)
Henry VII.
(Reg. 1485–1509)
Margaret
James IV. von Schottland
Catherine von Aragon
(1. Ehefrau)
Henry VIII.
(Reg. 1509–1547)
1534–1539 Reformation:
● Bruch mit der katholischen Kirche; Etablierung der anglikanischen Kirche
Anne Boleyn
(2. Ehefrau)
Jane Seymour
(3. Ehefrau)
Marie von Lorraine-Guise
James V. von Schottland
Mary I. („Bloody Mary")
(Reg. 1553–1558)
● 1550er Versuch der Wiedereinführung des Katholizismus
● 1554 Heirat mit Philipp II von Spanien
Elizabeth I.
(Reg. 1558–1603)
● 1558 Sieg über die spanische Armada
● 1587 Hinrichtung der Mary Stuart
Edward VI.
(Reg. 1547–1553)
Maria Stuart von Schottland
(Reg. 1542–1568)
● Vom prostestantischen Adel gestürzt
● Flucht nach England
Lord Darnley
James I. (VI. von Schottland)
(Reg. 1603–1625)

Opposition von konträren Weltanschauungen und Normsystemen

Das Elisabethanische Zeitalter war als **Epoche des Übergangs zwischen Mittelalter und Moderne** durch die Opposition von konträren Weltanschauungen und Normsystemen geprägt. In einer Zeitspanne von mehr oder weniger dreißig Jahren wechselte England offiziell vom römischen Katholizismus zum Protestantismus, wieder zum Katholizismus und schließlich zurück zum Protestantismus. Jeder dieser **Wechsel** brachte sowohl Verfolgungen und Tod mit sich als auch eine innere Zerrissenheit. Auf der anderen Seite ermöglichten **politische und wirtschaftliche Stabilität** sowie **allgemeiner Wohlstand** eine breite kulturelle Entfaltung beim Adel, in Humanistenkreisen und insbesondere im Bürgertum.

Explosionsartiger wirtschaftlicher und kultureller Aufschwung

Sowohl nationaler als auch internationaler **Markt und Handel** erlebten eine **Blütezeit** und in ganz England stiegen die Populationszahlen der einzelnen Städte. Mit einer Einwohnerzahl von 60.000 im Jahre 1520, von 120.000 im Jahre 1550 und ein Jahrzehnt später sogar von 375.000 war London sowohl die größte als auch die schnellst wachsende Stadt in Europa. In der ersten Hälfte des 17. Jahrhunderts migrierten aus anderen Teilen Englands jährlich etwa 10.000 Menschen nach London.[4] Durch die von der protestantischen Kirche geforderte Beschäftigung mit der Bibel wurde es außerdem leichter, in den Besitz von Büchern zu gelangen, so dass innerhalb der Bevölkerung ein **Aufschwung an Bildung** ermöglicht wurde.

Während an den Höfen prunkvolle theatermusikalische Aufführungen und kulturelle Ereignisse aller Art florierten, pflegte man an Schulen und in Universitäten klassische und moderne französische oder italienische Autoren zu übersetzen

4 Abrams, M. H., Greenblatt, Stephen (Hrsg.): *The Norton Anthology of English Literature*. Seventh Edition, Volume 1. New York, London: W. W. Norton & Company 2000, S. 471.

und zu imitieren. Für die **Etablierung des Theaters im Bürgertum** waren bestimmte gesellschaftspolitische Ereignisse bedeutsam. Hierzu zählen die Konsolidierung eines sozial anerkannten berufsmäßigen Schauspielerstandes (1572), die Errichtung fester (privater) Theaterbauten neben den Wanderbühnen, die Herausbildung eines alle Schichten umfassenden ständigen kritischen Publikums und damit zusammenhängend die Notwendigkeit publikumsbezogener Theaterpraxis und publikumswirksamer Dramen. Theater waren ein bedeutsamer Bestandteil städtischen Lebens in London, nicht zuletzt deshalb, weil im **Publikum** von Lehrlingen und Tagelöhnern bis zu Angehörigen des Hochadels **alle Stände** vertreten waren. Die **ersten Theaterbauten** waren das im Jahre **1576** von James Burbage erbaute *Theatre* und das im folgenden Jahr erbaute *The Curtain*. Neben diesen und anderen nordöstlich gelegenen Theatern existierte jedoch im Süden, in Southwark, eine geschlossene Gruppe Theatergebäude inmitten eines **Vergnügungsviertels**, zwischen den Attraktionen des Hahnenkampfes, der Bärenhatz oder der Dirnen. In Abständen von etwa hundert Metern befanden sich an diesem Ufergebiet, der **Bankside**, ***The Rose*** **(1587)**, ***The Swan*** **(1595)**[5], das Theater der Shakespeare-Truppe ***The Globe*** **(1599)** und *The Hope* (1613). Die meisten dieser Theater wurden während der Wirkungszeit Shakespeares (ca. 1590–1612) errichtet, doch auch andere berühmte Künstler, wie etwa Christopher Marlowe, trugen mit bedeutenden Werken ihren Teil zu dieser kulturellen Blütezeit bei.

5 Siehe Kapitel 5, Bildmaterial.

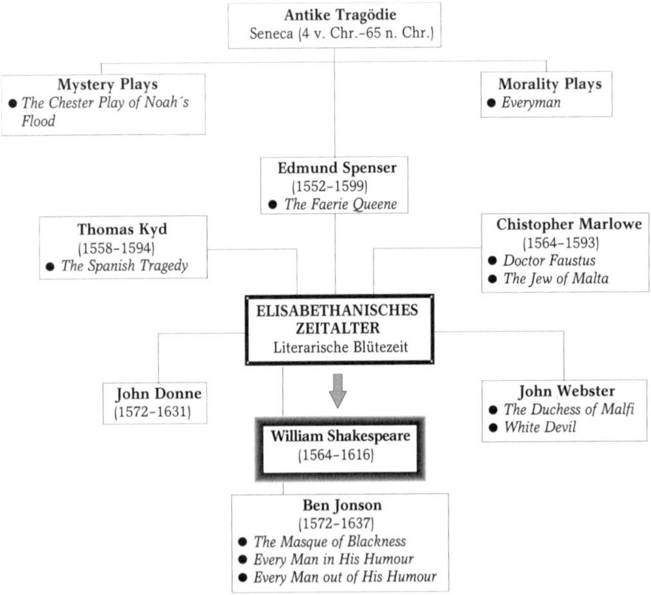

Zum Elisabethanischen Weltbild

Der geistige Horizont der Shakespearezeit

Für ein umfassendes Verständnis der dramatischen Aussage des *Macbeth* ist es notwendig, sich einen Einblick in **allgemeine Elisabethanische Vorstellungen vom Aufbau der Welt** zu verschaffen. Dieses von E. M. W. Tillyard[6] ausführlich dargestellte Elisabethanische Weltbild ermöglicht dem Rezipienten einen solchen Einstieg in den geistigen Hori-

6 Tillyard, E. M. W.: *The Elizabethan World Picture*. New York: Vintage Books 1943. Vgl. auch Suerbaum, S. 83–106.

zont der Shakespearezeit. Es verdeutlicht insbesondere den diese Übergangsepoche kennzeichnenden **Zusammenhang von mittelalterlichen und neuzeitlichen Vorstellungen**. Die folgende Übersicht erläutert die **wichtigsten Prinzipien**.

- Verständnis der **Welt** als *frame of order*, **als universelle Ordnung**, in der jedes irdische und kosmische Element seinen ihm von Gott zugewiesenen Platz hat. (Ein Leitthema des *Macbeth* ist beispielsweise der Fall des Protagonisten von seinem Platz in der geordneten Welt.)
- **Gott** ist der Schöpfer dieser universellen, hierarchischen Ordnung und befindet sich somit an erster Stelle, gefolgt vom **König**, seinem Stellvertreter auf Erden.
- Gott erschuf das Seiende nach dem **Prinzip des *degree***, der Rangabstufung. Zur Verdeutlichung dieses Prinzips dienten die Stufenleiter- (***scale of degree***) sowie die Kettenmetapher (***chain of being***). Das einzelne von Gott Erschaffene, Stein oder Mensch, hat, dem **Prinzip der Unter- und Überordnung** gerecht, seinen unverwechselbaren Platz im System.
- Der Mensch repräsentiert alle Aspekte des Kosmos und stellt daher den **Mikrokosmos** dar. Ab dem Mond beginnt der in sich gegliederte **Makrokosmos**, die nicht mehr erfassbare Welt.
- Dem **Prinzip der *correspondences*** entsprechend gestaltet sich die Ordnung auch als ein **System von Analogien**. Solche analogen Systeme sind beispielsweise der Körper mit seinen Organen, widergespiegelt in der Familie und analog existierend im Staat als politischem Körper (*body politic*). Es existieren Korrespondenzen zwischen allen Seinsbereichen, doch hauptsächlich zwischen dem Makrokosmos und dem Menschen. Planet und Konstellation der

Geburt prägen Charakter und Konstitution, jedes Ereignis des Universums kann sich in einem anderen spiegeln. **Die Welt wird von der Korrespondenz ihrer Teile her erfasst**, einzelne Phänomene werden durch den Blick auf ihre Parallelen und Relationen zu anderen, analogen Phänomenen erörtert.

- Zentral ist die aus dem Mittelalter übernommene Vorstellung des *Glücksrades* (***wheel of fortune***), das nie stehen bleibt, sondern immer dem Wechsel unterworfen ist.

1.3 Angaben und Erläuterungen zu wesentlichen Werken

Dramen und Gedichte	Entstehungszeitraum
The Two Gentlemen of Verona *The Taming of the Shrew* *First, Second and Third Parts of King Henry VI* *Titus Andronicus* *King Richard III* *The Comedy of Errors* *Love's Labour's Lost* *A Midsummer Night's Dream* *Romeo and Juliet* *King Richard II* *Venus and Adonis* (Gedicht) *The Rape of Lucrece* (Gedicht)	1589–1595
King John *The Merchant of Venice* *First and Second Parts of King Henry IV* *The Merry Wives of Windsor* *Much Ado about Nothing* *King Henry V* *Julius Caesar* Sonette	1596–1599

As you like it ***Hamlet*** *Twelfth Night* *Troilus and Cressida* *Measure for Measure* ***Othello*** *All's Well That Ends Well* *Timon of Athens* ***King Lear***	1600–1605
Macbeth *Antony and Cleopatra* *Pericles* *Coriolanus* *The Winter's Tale* *Cymbeline* *The Tempest*	1606–1611
King Henry VIII *The Two Noble Kinsmen*	1613

2. Textanalyse und -interpretation

2.1 Entstehung und Quellen

Macbeth ist die **kürzeste der vier großen Tragödien** (*Hamlet, Othello, King Lear*) Shakespeares. In der Literaturkritik ist oft vermutet worden, dass der Text gekürzt worden ist, unvollständige Textstellen sprechen dafür. Obwohl sich die **erste Drucklegung von** Shakespeares *Macbeth* in der Folio-Ausgabe aus dem Jahre **1623** zwischen *Julius Cäsar* und *Hamlet* mit dem Titel *The Tragedie of Macbeth* befindet, fand die **erste bezeugte Aufführung** des Dramas bereits im Jahre **1611** im ***Globe Theatre*** statt. Eine genaue Datierung der Entstehungszeit des *Macbeth* gibt es nicht, es wird jedoch aufgrund häufiger Anspielungen innerhalb des Dramas selbst und in anderen zeitgenössischen Dramen eine Entstehungszeit unter der Regentschaft James I. zwischen 1605 und 1606 angenommen.[7]

Entstehungszeit unter der Regentschaft James I zwischen 1605 und 1606

James I., zuvor James VI. von Schottland, bestieg den Thron nach dem Tod Elizabeth I. im Jahre 1603. Der neue König von England war interessiert an dem Bereich des Hexenwesens, worüber er sogar im Jahre 1597 ein Buch mit dem Titel *Daemonologie* veröffentlicht hatte. Dieses mag das Verfassen der Hexenszenen im *Macbeth* beeinflusst haben. Darüber hinaus beschäftigte sich James I. ausführlich mit der schottischen Geschichte und konnte seine Ahnenschaft bis ins 11. Jahrhundert zurückführen, also bis in die Zeit, in der das Drama spielt.[8]

7 Bullough, Geoffrey (Hrsg.): *Narrative and Dramatic Sources of Shakespeare. Volume VII, Major Tragedies: Hamlet, Othello, King Lear, Macbeth*. London: Routledge and Kegan Paul 1973, S. 123 f.

8 Vgl. Cahn, Victor L.: *Shakespeare, The Playwright. A Companion to the Complete Tragedies, Histories, Comedies, and Romances*. New York, London: Greenwood Press 1991, S. 179.

Bearbeitung schottischer Geschichte des 11. Jahrhunderts

Shakespeare griff mit seiner Wahl des *Macbeth*-Stoffes **historische Ereignisse des 11. Jahrhunderts in Schottland** auf. Die **Geschichte von Macbeth und seinem Mord an König Duncan** geht auf die Zeit zurück, in der Schottland zum großen Teil vereinigt worden war und sich Nationalitätsbewusstsein sowie monarchische Vorstellungen zu entwickeln begannen. Während der Regentschaft Kenneths II. von Schottland waren die Mitglieder des Macbeth-Clans die ‚overlords' in Moray (siehe Karte von Schottland). Nach dem Tod Kenneths III. im Jahre 1005 bestieg Malcolm II. den Thron und bewies seine Fähigkeiten durch den Sieg gegen eine Allianz von Engländern und Dänen im Jahre 1018 und die daran anschließende Einnahme der *Lowlands*. Im Jahre 1031 musste Malcolm II. jedoch seine Vormachtstellung an König Cnut abtreten. Malcolm II. hatte keinen Sohn, jedoch zwei Töchter, von denen die eine Crinan, den Lord von Dunkeld, heiratete und Duncan gebar. Nach **dem Tod Malcolms II. im Jahre 1034** wurde der **junge Duncan König**, doch seine Regentschaft (**1034–1040**) war von militärischen Niederlagen gekennzeichnet und daher nicht sehr rühmlich. Im Jahre **1040** wurde Duncan **von Macbeth und anderen Adligen** in Bothgouanan nahe Elgin **ermordet**. Kurz danach wurde **Macbeth König** und regierte erfolgreich über einen Zeitraum von siebzehn Jahren (**1040–1057**). Nach der Ermordung ihres Vaters befanden sich **Duncans Söhne Malcolm Canmore und Donald Bane** in Schottland. Malcolm wandte sich später an Duncans Schwager Siward von Northumberland, der im Jahre 1054 in Schottland einmarschierte. Nach Siwards Tod (1055) kämpfte **Malcolm** weiter und **tötete Macbeth** in Lumphanan im Jahre **1057.**[9]

9 Vgl. Bullough (Hrsg.), S. 431–433.

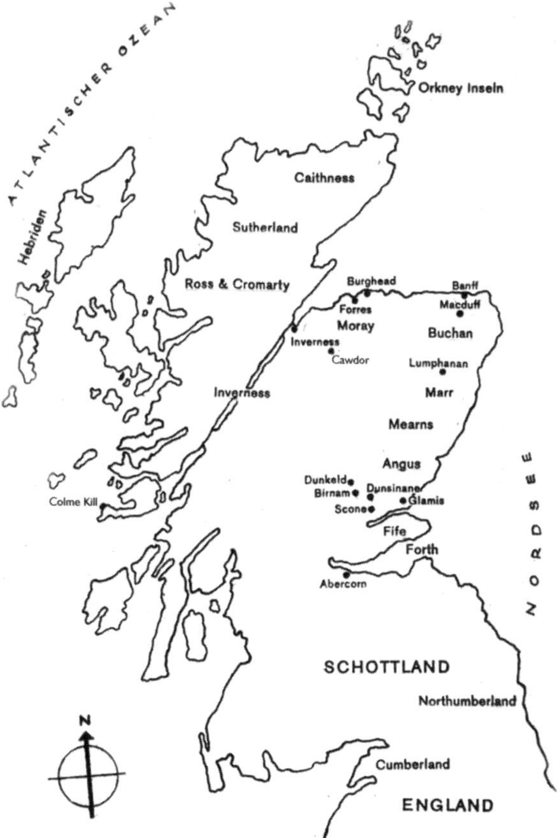

Karte von Schottland im 11. Jahrhundert

Hauptquelle ist Raphael Holinsheds *Chronicles of England, Scotlande, and Ireland*, 1577

Obwohl Shakespeare auf viel Material über die schottische Geschichte zurückgreifen konnte, wie beispielsweise auf Andrew Wyntouns *Reimchronik* (1406), George Buchanans *Rerum Scoticarum Historia* (1582) oder John Leslies *De Origine Scotorum* (1578), ist die **Hauptquelle** für seinen *Macbeth*, wie auch für seine Historien und teilweise den *King Lear*, **Raphael Holinsheds *Chronicles of England, Scotlande, and Ireland* aus dem Jahre 1577**. In seiner Adaption hat Shakespeare jedoch **Veränderungen** vorgenommen. Bei Holinshed hegt Macbeth legitimen Groll gegen einen jungen und politisch inkompetenten Duncan, während bei Shakespeare Macbeths Motiv für den Mord eines alten und erfahrenen Duncans ein rein persönliches ist. Bei Holinshed ist Banquo ein Komplize des Mörders, bei Shakespeare ein ehrenhafter Heeresführer. Während Holinshed die Regierungszeit des Königs Macbeth über zehn erfolgreiche Jahre hinweg beschreibt, gestaltet Shakespeare eine äußerst kurze und grausame tyrannische Diktatur und betont somit bewusst **psychologische und moralische Implikationen**.

Hervorhebung psychologischer und moralischer Implikationen

2.2 Inhaltsangabe

Akt I

Szene 1

Während eines Unwetters treffen sich drei Hexen in einer offenen Gegend. Sie planen, auf einer Heide mit Macbeth zusammenzutreffen, sobald die Schlacht vorüber ist. In rätselhaften Reimen deuten die Hexen ihren teuflischen Einfluss auf das folgende Geschehen an und leiten die Umkehr von Gut und Böse ein.

I, 1 Die Hexen leiten die Umkehr von Gut und Böse ein.

Stichwörter/wichtige Textstellen:
Leitmotiv für das Thema der Umkehr aller Werte: „Schön ist abscheulich und abscheulich ist schön." (I, 1, S. 11)

!

Szene 2

In einem Feldlager trifft König Duncan zusammen mit seinen Söhnen Malcom und Donalbain auf einen verwundeten Hauptmann, der gerade von der Schlacht zwischen den von Macbeth angeführten schottischen Streitkräften und den rebellischen Verbündeten des Verräters Macdonwald zurückgekehrt ist. Der Hauptmann berichtet, dass die rebellischen Truppen zunächst das Glück auf ihrer Seite gehabt hätten, dann jedoch Duncans Vetter Macbeth und Banquo mit höchstem Mut und äußerster Tapferkeit Macdonwald getötet und die rebellischen Truppen besiegt hätten. Kurz darauf hätte jedoch der mit dem

I, 2 Duncan verkündet, dass Macbeth als tapferer Untertan den Titel des Verräters Cawdor erhält.

verräterischen Than von Cawdor verbündete König von Norwegen neue Truppen angreifen lassen, doch Macbeth und Banquo seien dadurch keinesfalls eingeschüchtert worden. Während der blutende Hauptmann weggeleitet wird, treten Rosse und Angus auf. Sie berichten weiter, dass Duncans Armee durch den Kampfgeist Macbeths die Schlacht gewonnen habe.
Duncan verkündet, dass der verräterische Than von Cawdor hingerichtet werden und Macbeth seinen Titel erhalten soll.

Stichwörter/wichtige Textstellen:
Dramatische Ironie: „Jener Than von Cawdor soll nicht mehr unseren teuersten Belangen zuwider handeln. – Geh und verkünde seinen sofortigen Tod und mit seinem früheren Titel grüße Macbeth." (I, 2, S. 15)

Szene 3

I, 3 Prophezeiungen der Hexen und erste Erfüllung

Wie geplant treffen die drei Hexen auf einer Heide erneut zusammen. Wieder begleitet vom Sturm berichten sie einander von ihren bösartigen Taten und sprechen einen unheimlichen Zauberspruch, während sie sich auf ihr Treffen mit Macbeth vorbereiten.
Macbeth und Banquo treten auf. Beide sind schockiert über die Erscheinung der Hexen, die Macbeth als Than von Glamis, Than von Cawdor und späteren König begrüßen. Während Macbeth wegen der Prophezeiungen verblüfft zusammenfährt, fordert Banquo die Hexen auf, in seine Zukunft zu schauen. Daraufhin prophezeien die Hexen Banquo, dass zwar nicht er selbst, jedoch seine Söhne Könige werden würden.

Macbeth sammelt seine Gedanken, verlangt genauere Auskünfte und befiehlt den Hexen zu bleiben, doch diese verschwinden. Macbeth und Banquo halten sich die Prophezeiungen der Hexen erneut vor Augen, beide wissen noch nichts mit den Ankündigungen anzufangen.
Rosse und Angus treten auf und berichten, dass der gegenwärtige Than von Cawdor hingerichtet werden soll und dass Macbeth zum Zeichen seiner Anerkennung durch den König seinen Titel erhalten werde. Macbeth und Banquo sind fassungslos, die Prophezeiungen der teuflischen Hexen scheinen wahr zu werden. Von Ehrgeiz und Übermut geleitet denkt Macbeth sofort an die letzte Prophezeiung, die Königschaft. Im Gegensatz zu Macbeth zweifelt Banquo an der Glaubwürdigkeit der finsteren Mächte und warnt vor ihren Gefahren. Macbeth ist überzeugt davon, dass dieser ‚übernatürliche Appell' nicht ‚böse' sein könne, da er bereits teilweise wahr geworden sei. Gleichzeitig erschrickt er vor seiner Phantasie, in der er kurz nach Erlangen des Titels Than von Cawdor an den Mord des Königs denkt. Kurz entschlossen verdrängt er seine Mordgedanken und stimmt zu, zum König zu reiten. Banquo fordert er auf, über die Vorfälle nachzudenken und beide beschließen, zu einem richtigen Zeitpunkt erneut darüber zu sprechen.

Stichwörter/wichtige Textstellen:

Macbeth erste Worte wiederholen die Worte der Hexen (I, 1, S. 11): „Einen so abscheulichen und zugleich schönen Tag habe ich noch nicht gesehen." (I, 3, S. 19);
Banquo (vs. Macbeth) erkennt den teuflischen Einfluss der Hexen: „Was, kann der Teufel die Wahrheit sagen?" (I, 3, S. 23) und warnt Macbeth (I, 3, S. 23–25);

Erstes *Aside* Macbeths (I, 3, S. 23); Mordgedanke: „Zwei Wahrheiten sind gesagt als glückliche Prologe zur grandiosen Darbietung des königlichen Themas. (...) Mein Mordgedanke, der bis jetzt nur in der Phantasie vorhanden ist, erschüttert so mein unteilbares menschliches Sein (...)." (I, 3, S. 25)

Szene 4

I, 4 Macbeths Mordplan festigt sich.

Im Königsschloss von Forres fragt König Duncan seinen Sohn Malcom, ob der Than von Cawdor bereits hingerichtet worden sei. Er erfährt, dass der Than von Cawdor seinen Verrat gestanden hätte und einen ehrenhaften Tod gestorben sei. Duncan erkennt, wie sehr der Schein täuschen könne, da er dem Than von Cawdor absolut vertraut habe, als Macbeth und Banquo auftreten. Voll Euphorie dankt der König Macbeth für seine Verdienste in der Schlacht gegen die Rebellen, worauf Macbeth ihm erklärt, dass seine Dienste nichts als seine Pflicht gegenüber dem König seien.
Nach den Dankeskundgebungen erklärt Duncan, dass sein ältester Sohn Malcolm den Thron erbe und von nun an auch Prinz von Cumberland sei. Außerdem teilt Duncan mit, dass er Macbeth in seinem Schloss in Inverness besuchen werde. Macbeth nimmt sofort Abschied von dem König, um vor diesem in Inverness sein zu können und den ehrenhaften Besuch vorzubereiten. Während er den äußeren Schein wahrt, erfährt man jedoch, dass Duncans Kundgebung von Malcolms Nachfolge ein erhebliches Hindernis für seine Pläne darstellt. Voll Ehrgeiz beginnt er über verräterische Mordpläne nachzudenken, um die letzte Prophezeiung der Hexen wahr werden zu lassen. Während seiner Abwesenheit preist Duncan seinen

ehren- und heldenhaften Vetter Macbeth, ohne etwas von dessen düsterem Vorhaben zu ahnen.

Stichwörter/wichtige Textstellen:
Kontrastive Bildebene: Duncan, Banquo (Offenheit, Ehrlichkeit) vs. Macbeth (Falschheit, Täuschung): Für Duncan scheinen die Sterne (I, 4, V. 41, S. 29), während sie für Macbeth ihr Feuer ‚verbergen' sollen (I, 4, V. 50, S. 29);
Dramatische Ironie: „Keine Kunstfertigkeit hilft, um die Deutung der Seele im Gesicht zu finden." (I, 4 V. 12, S. 27)

Szene 5

I, 5 Lady Macbeth übernimmt die Mordplanung.

In Macbeths Schloss in Inverness liest Lady Macbeth einen Brief ihres Gatten, in welchem er ihr von seinem Treffen mit den Hexen, den bereits erfüllten Prophezeiungen und seinen Hoffnungen auf den Königstitel berichtet. Nachdem sie den Brief zu Ende gelesen hat, beginnt Lady Macbeth, seine menschliche Natur zu fürchten, die seinem Ehrgeiz im Weg stehen würde. Von den königlichen Aussichten fasziniert, beschließt sie, ihrem Gatten ihre Skrupellosigkeit zu übertragen und ihn in seinen mörderischen Plänen zu unterstützen.
Zu ihrer Freude trifft ein Bote ein mit der Nachricht, dass der König am selben Abend Inverness zu besuchen beabsichtige. Sofort ist sie sicher, dass der König das Schloss nicht lebend verlassen werde. Um ihren Entschluss zu festigen und jegliche Anzeichen von menschlicher Schwäche und Mitleid auszulöschen, beschwört Lady Macbeth dämonische Kräfte.
Macbeth tritt auf und seine Gattin beginnt sofort, die grausamen Pläne in die Tat umzusetzen. Beide sind sich einig und

Lady Macbeth gibt ihrem Gatten letzte Anweisungen, so dass der Mord erfolgreich durchgeführt werden kann.

Stichwörter/wichtige Textstellen:
Intimes, vertrautes Verhältnis zwischen Lady Macbeth und Macbeth; Lady Macbeths ‚Entmenschlichung' (vgl. Banquos Schilderung der Hexen, I, 3, V. 39–46, S. 19): „Kommt, ihr Geister, die ihr den mörderischen Gedanken zu Diensten steht, nehmt mir hier mein Geschlecht und füllt mich vom Scheitel bis zur Sohle randvoll mit schrecklichster Grausamkeit! (...)" (I, 5, V. 40 f., S. 33);
Lady Macbeth leitet Macbeth: „Nur blickt heiter; seinen Gesichtsausdruck zu ändern, ist immer gefährlich. Überlasst den ganzen Rest mir." (I, 5, V. 72 f., S. 35)

Szene 6

I, 6 Duncans Ankunft in Inverness

König Duncan erreicht mit seinem Gefolge Macbeths Schloss. Duncan und Banquo stimmen einander zu, dass die Burg eine angenehme Lage habe und von einer friedlichen Atmosphäre umgeben sei.
Lady Macbeth erscheint und begrüßt Duncan, indem sie ihm überschwänglich ihrer treuen Dienste versichert. Duncan nimmt ihre Hand und wünscht, zu dem Hausherrn geführt zu werden, um ihm weiter seine Gunst beweisen zu können.

Stichwörter/wichtige Textstellen:
Leitmotiv: *Schein vs. Sein*; dramatische Ironie;

Szene 7

I, 7 Mordbeschluss

Während Macbeths Diener das Gastmahl für den König bereiten, wägt Macbeth in einem Selbstgespräch die Vorteile und die Gefahren des Mordes an Duncan ab. Macbeth weiß, dass der Mord an dem König, an seinem eigenen Vetter und Gast, eine Todsünde ist, die ihn im Anschluss an die Tat plagen würde. Er ist sich bewusst, dass Duncan ein guter König ist und dass der Himmel selbst gegen den Mord rebellieren würde.
Als er erkennt, dass er diese Vorhaben lediglich mit seinem hochschnellenden Ehrgeiz rechtfertigen kann, tritt Lady Macbeth auf. Macbeth teilt ihr mit, dass er den Plan nicht ausführen wolle, da er sich mit seinen bereits erhaltenen Ehren zufrieden gäbe.
Lady Macbeth ist entrüstet und verhöhnt ihren Gatten als Feigling. Sie schmäht und verspottet Macbeth, indem sie seine Liebe mit seiner Schwankhaftigkeit gleichsetzt. Macbeth wehrt ihre Vorwürfe zunächst ab, doch die eindringlichen Beschwörungen seiner Gattin und ihre feste Entschlossenheit setzen sich durch. Lady Macbeth legt ihm den genauen Mordplan dar und Macbeth ist entschlossen, die Welt zu täuschen und den Mord zu begehen.

Stichwörter/wichtige Textstellen:

!

Macbeth zeigt die menschliche Schwäche, die Lady Macbeth zuvor gefürchtet hat (I, 7, V. 1–27, S. 39);
Macbeth führt die Pläne seiner Gattin aus (vgl. I, 6, V. 62–70, S. 35): „Fort, und täusche die Welt durch heiterstes Aussehen: ein falsches Gesicht muss verstecken, was das falsche Herz weiß." (I, 7, V. 82 f., S. 43)

Akt II

Szene 1

II, 1 Dolchvision, Mordsignal

Spät in der Nacht befindet sich Banquo mit seinem Sohn Fleance in einem Burghof des Macbeth'schen Schlosses. Banquo hat den König zu Bett geleitet und kann selbst nicht schlafen, da er ahnt, dass etwas nicht in Ordnung ist. Er ist überrascht, dass Macbeth, der von einem Diener mit einer Fackel in der Hand begleitet wird, ebenfalls noch nicht zu Bett gegangen ist. Nachdem Banquo Macbeth einen Diamanten des Königs als Geschenk an Lady Macbeth überreicht hat, sprechen sie kurz über die Prophezeiungen der drei Schicksalsschwestern. Banquo bemerkt, dass sie Macbeth gegenüber wahr geworden sind. Macbeth behauptet, nicht an die Hexen zu denken und schlägt vor, zu einem anderen Zeitpunkt über dieses Thema zu sprechen. Banquo will dem zukünftigen Rat Macbeths folgen, jedoch nur dann, wenn er ehrenhaft sein werde.
Nachdem Banquo und Fleance den Burghof verlassen haben, schickt Macbeth einen Diener zu Lady Macbeth, um ihr mitzuteilen, dass sie die Glocke anschlagen möge, sobald sein Nachttrunk bereit sei.
Nachdem auch der Diener den Ort verlassen hat, ist Macbeth allein. Er bildet sich ein, einen Dolch vor sich schweben zu sehen, der ihm sein Ziel weist, den Mord an König Duncan. Macbeth empfindet zunächst Horror bei dem Gedanken an sein Vorhaben, doch sein Entschluss ist gefasst. Als die Glocke läutet, beschließt er seinen Plan auszuführen und Duncan zu töten.

Stichwörter/wichtige Textstellen:
Kontrast: Banquo vs. Macbeth (II, 1, V. 24 f., S. 47);

Szene 2

II, 2 Macbeth begeht den Königsmord.

Während Macbeth den Mord an König Duncan begeht, tritt Lady Macbeth auf. Sie hat die Kammerdiener des Königs vergiftet und Macbeth ihre Dolche bereitgelegt. Als sie einen Schrei aus dem Inneren hört, bangt sie jedoch um die psychische Stärke ihres Gatten, den Plan in die Tat umzusetzen. Sie hätte den Mord selbst begangen, wenn der schlafende König nicht ihrem Vater geähnelt hätte.
Macbeth tritt auf und berichtet, dass er die Tat vollbracht habe. Er wirkt verstört und hält die beiden blutbeschmierten Dolche, die er bei den Dienern hätten liegen lassen sollen, in der Hand. Aus Angst, die Tat erneut ansehen und darüber nachdenken zu müssen, weigert er sich, die Dolche in die Kammer zurückzubringen. Lady Macbeth verhöhnt ihn und bringt selbst die Dolche zurück. Ein Klopfen an dem Tor der Burg verstärkt die Schuldgefühle und Angstzustände Macbeths, der apathisch seine blutbeschmierten Hände betrachtet. Lady Macbeth kommt zurück und als es erneut klopft, mahnt sie ihren Gatten zur Standhaftigkeit und rät, das Blut abzuwaschen, Hausgewänder anzuziehen und sich ins Schlafgemach zurückzuziehen, so dass es aussähe, als hätten sie zur Zeit des Mordes geschlafen.

Stichwörter/wichtige Textstellen:

Der Mord geschieht nicht auf der Bühne; Stärke Lady Macbeths vs. Schwäche, unmittelbare Reue Macbeths; dramatische Ironie;
„Macbeth: Meine Tat kennend, wäre es am besten, ich kennte mich selbst nicht." (II, 2, V. 72 f., S. 55)

Szene 3

II, 3 Pförtnerszene, Entdeckung des Mordes durch Macduff

Da das Klopfen am Tor nicht aufhört, macht sich ein Pförtner auf, das Tor zu öffnen. Er ist noch immer betrunken und stellt sich vor, er sei der Pförtner am Höllentor.

Der Pförtner öffnet das Tor und lässt Macduff und Lenox herein. Nach einem kurzen Wortwechsel tritt Macbeth auf, scheinbar geweckt durch das Klopfen. Macduff berichtet, dass der König ihm befohlen habe, ihn frühzeitig aufzusuchen und verlangt, direkt zu seiner Kammer gebracht zu werden. Während Macduff zum König gebracht wird, schildert Lenox, wie stürmisch und unheimlich chaotisch die Nacht gewesen sei.

Zutiefst entsetzt kehrt Macduff zurück und verkündet den Königsmord. Während er lautstark das Schloss in Angst und Schrecken versetzt, eilen Macbeth und Lenox zu dem Tatort, um sich selbst von der Schandtat zu überzeugen. Eine Glocke läutet, Lady Macbeth und Banquo erscheinen nacheinander und werden von Macduff über den Mord unterrichtet.

Als Macbeth und Macduff Malcolm und Donalbain von dem Mord an ihrem Vater berichten und Lenox den Verdacht auf die Kammerdiener lenkt, gibt Macbeth vor zu bereuen, dass er diese in seinem Zorn getötet habe. Macduff verlangt jedoch eine Erklärung von Macbeth, und als dieser sich mit seiner intensiven Liebe zu Duncan rechtfertigt, täuscht Lady Macbeth einen Schwächeanfall vor, um von der Tat abzulenken.

Während Lady Macbeth hinausgetragen wird, tauschen sich Malcolm und Donalbain kurz über das Verbrechen aus. Sie ahnen, dass der Mord auf verräterische Weise von jemandem in ihrem Umfeld begangen worden ist und beschließen, aus Sicherheitsgründen Schottland zu verlassen.

Stichwörter/wichtige Textstellen:
Dramatische Ironie;
Verdacht Donalbains: „(...) je näher im Blut, desto eher blutig." (II, 3, V. 138, S. 65)

Szene 4

II, 4 Auswirkungen des Königsmordes auf Makro- und Mikrokosmos

Außerhalb des Schlosses spricht Rosse mit einem alten Mann über die schreckliche Nacht des Mordes und die unnatürlichen Ereignisse, die um das Schloss herum geschehen sind.
Macduff tritt auf und berichtet, dass die beiden Prinzen Malcolm und Donalbain aufgrund ihrer heimlichen Flucht verdächtigt werden, die Kammerdiener mit dem Mord beauftragt zu haben.
Macbeth ist zum neuen König nominiert worden und zur Einsetzung nach Scone gegangen. Im Gegensatz zu Rosse begibt sich Macduff nicht zur Krönung nach Scone, sondern kehrt zurück nach Fife.

Stichwörter/wichtige Textstellen:
Alter Mann repräsentiert das Volk; Kommentar zu den Ereignissen; Verdacht Macduffs;

Akt III

Szene 1

III, 1 Macbeth plant den Mord an Banquo und Fleance

Banquo, der sich allein in einem Raum im Königsschloss befindet, denkt über die Prophezeiungen der Hexen nach und verdächtigt Macbeth, diese möglicherweise auf schändliche Weise erfüllt zu haben. Er hofft jedoch, dass auch jene Voraussage über ihn als Vater vieler Könige bestätigt wird.
Von einem Trompetensignal angekündigt, treten Macbeth und Lady Macbeth als König und Königin von Schottland auf. Sie begrüßen Banquo als ihren vornehmsten Gast bei dem bevorstehenden Nachtmahl und Banquo bezeugt seine Loyalität dem neuen König gegenüber.
Als Macbeth erfährt, dass Banquo mit seinem Sohn Fleance erst gegen Abend zum Schloss zurückzukehren plant, gibt er vor, am folgenden Tag seinen Rat hinsichtlich der entflohenen Söhne Duncans zu benötigen. Macbeth verabschiedet sein königliches Gefolge bis zum Nachtmahl und schickt einen Diener zum Schlosstor, um „diese Männer" hereinzuholen.
Macbeth fürchtet Banquo aufgrund seiner Weisheit und Kühnheit. Im Zusammenhang mit den Prophezeiungen ist es für Macbeth unerträglich, dass er den blutigen Königssmord ‚für Banquos Nachkommenschaft' begangen haben soll.
Der Diener bringt die Männer herein, zwei Mörder. Macbeth hat sie bereits zuvor mit dem Mord an Banquo beauftragt, stellt ihnen nun jedoch detailliert dar, warum Banquo ihr Feind sei und getötet werden müsse. Da Macbeth Banquo zuvor über seine Rückkehr zum Schloss ausgefragt hat, gibt er den Mördern nun genaue Instruktionen über den geplanten Ablauf des Verbrechens. Macbeth betont, dass auch Banquos Sohn Fleance getötet werden müsse.

Stichwörter/wichtige Textstellen:
Kontrast: Banquo (integer) vs. Macbeth; Erfüllung der Prophezeiungen für Macbeth: Macbeth als König, Cawdor, Glamis; Skrupellosigkeit Macbeths (Tyrann);

Szene 2

III, 2 Beginnende Isolation

Vor dem Nachtmahl möchte Lady Macbeth mit ihrem Gatten sprechen, da auch sie die jetzige Lage als unsicher empfindet. Macbeth erscheint und spricht mit Lady Macbeth über das bevorstehende Fest. Er unterrichtet sie von seiner Furcht vor Banquo und Fleance und deutet den geplanten Mord an. Lady Macbeth weiß nicht, wer getötet werden soll, und Macbeth fordert sie auf, in Unwissenheit zu warten, bis die Tat vollbracht ist, um sich dann darüber zu freuen.

Stichwörter/wichtige Textstellen:
„Voller Skorpione ist mein Kopf (...)." (III, 2, V. 36, S. 83)
„Dinge, böse begonnen, gewinnen ihre Stärke durch Schlechtes." (III, 2, V. 55, S. 83)
Verändertes Verhältnis zwischen Macbeth und Lady Macbeth: Macbeth ist dominant und isoliert sich.

Szene 3

III, 3 Mord an Banquo, Flucht Fleances

Während der Dämmerung treffen die zwei Mörder auf einem Weg vor dem Schloss mit einem dritten Mörder zusammen, der ebenfalls von Macbeth geschickt worden ist. Gemeinsam warten sie ab, bis Banquo und Fleance sich dem

Schlosstor genähert haben. Dann springen sie hervor und schaffen es, Banquo zu töten, der sofort zu erkennen scheint, wer die Mörder geschickt hat. Fleance entkommt und die Mörder eilen zu Macbeth, um ihn davon zu unterrichten.

Stichwörter/wichtige Textstellen:
Krisis, Wendepunkt: Flucht Fleances;

Szene 4

III, 4 Bankettszene, Geist

In einem Prunksaal im Schloss begrüßen der neue König und seine Königin die Gäste des Banketts. Einer der Mörder erscheint an einer Seitentür und berichtet Macbeth, dass Banquo tot und Fleance entkommen sei. Macbeth kehrt zum Bankett zurück und bedauert heuchlerisch, dass sein Ehrengast Banquo nicht anwesend ist. Der Geist Banquos tritt auf und setzt sich auf Macbeths Platz, so dass Macbeth glaubt, der Tisch sei voll, als er von Rosse darum gebeten wird, sich zu setzen. Nur Macbeth kann den Geist sehen und ist zutiefst erschrocken und in Panik. Während er vor seinen Gästen mit dem unsichtbaren Geist über den Mord spricht, versucht Lady Macbeth zu verhindern, dass ihr Gatte seine Schuld preisgibt, indem sie sein Verhalten mit einer seltenen Krankheit entschuldigt. Sie versucht Macbeth zu verdeutlichen, dass er mit einem Stuhl spreche und die Situation der Vision des Dolches gleiche, doch Macbeth ist wie von Sinnen. Der Geist verschwindet und Macbeth sammelt sich wieder, doch der Geist erscheint erneut, als er einen Toast auf Banquo ausspricht. Macbeth ist erneut zu schockiert von der Erscheinung, so dass das Bankett beendet werden muss.

Nachdem Geist und Gäste den Saal verlassen haben, sprechen Macbeth und seine Gattin darüber, dass Macduff nicht zum Bankett erschienen sei und somit den Anordnungen des neuen Königs nicht Folge leiste. Macbeth will erneut die drei Hexen befragen und deutet an, dass er ‚seltsame' Dinge im Kopf habe, die ausgeführt werden müssten, bevor sie genauer erwogen werden könnten. Beide ziehen sich zum Schlaf zurück.

Stichwörter/wichtige Textstellen:
„Du kannst nicht sagen, ich tat es: Schüttele nicht deine blutigen Locken in meine Richtung." (III, 4, V. 50, S. 91)

!

Szene 5

III, 5 Hexenszene

Die drei Hexen treten auf und treffen auf Hekate, die Göttin der Hexenkunst. Hekate ist zornig, da die drei Hexen sie in ihr Treiben mit Macbeth nicht eingeschlossen haben. Nun ordnet sie an, für den folgenden Tag, an dem Macbeth die Hexen aufsuchen werde, einen besonders wirkungsstarken Trunk vorzubereiten, um einen Zauber zu beschwören, der Macbeth endgültig in den Untergang stürzen werde.

Stichwörter/wichtige Textstellen:
Macbeth wird von den Hexen erwartet.

!

Szene 6

III, 6 Verdacht Macduffs, erste Umsturzpläne

Lenox erzählt einem anderen Lord von seinem Verdacht, dass Macbeth die Morde begangen habe. Er weist auch darauf hin, gehört zu haben, dass Macduff aufgrund seiner Abwesenheit bei dem königlichen Bankett in Ungnade gefallen sei. Der Lord berichtet Lenox, dass Macduff zum englischen Königshof gegangen sei, an dem sich auch Malcolm aufhalte. Macduff wolle König Edward bitten, ihn bei dem Kampf gegen den Tyrannen Macbeth zu unterstützen.

Stichwörter/wichtige Textstellen:
Macduff (Umsturzpläne, Widerstand) vs. Macbeth;

Akt IV

Szene 1

IV, 1 Zweideutige Erscheinungen

In einem Haus in Forres tanzen die drei Hexen um einen kochenden Kessel herum und besprechen, was sie für ihren teuflischen Zauber benutzen. Die zweite Hexe spürt, dass ‚etwas Böses' naht, es klopft und Macbeth erscheint. Er befiehlt den Hexen, seine Fragen zu beantworten, doch diese schlagen vor, es durch ihre Meister tun zu lassen.
Als erste Erscheinung tritt ein gepanzertes Haupt auf, das ihn vor Macduff, dem Than von Fife, warnt. Obwohl Macbeth mehr über Macduff erfahren will, versinkt die Erscheinung. Eine der Hexen kündigt daraufhin eine zweite, mächtigere Erscheinung in Form eines blutigen Kindes an. Dieses rät Macbeth blutig, kühn und entschlossen zu sein, da kein von einer Frau geborener Mensch ihm schaden könne. Obwohl Macbeth Macduff nun nicht mehr fürchten zu müssen glaubt, will er mehr erfahren. Als dritte Erscheinung tritt ein gekröntes Kind mit einem Baum in der Hand auf. Von diesem erfährt Macbeth, dass er niemals besiegt werden solle, bis sich der

große Wald von Birnam gegen den Berg von Dunsinane bewege. Auch dieses reicht Macbeth nicht aus, denn er will wissen, ob Banquos Nachkommenschaft jemals herrschen werde. Daraufhin erscheinen acht Könige, von denen der letzte einen Spiegel in der Hand trägt, der unendlich viele reflektiert. Der Geist Banquos folgt ihnen. Somit ist deutlich, dass die zukünftigen Erben der Krone Schottlands die Nachkommen Banquos sein werden.
Plötzlich verschwinden die Hexen und Macbeth verflucht sie. Lenox tritt auf und berichtet Macbeth, dass Macduff nach England geflohen sei. Macbeth schwört, von nun an sofort zu handeln und beschließt, Macduffs Burg zu überfallen und seine Familie und Gefolgschaft zu ermorden.

Stichwörter/wichtige Textstellen:
Macbeth als entmenschlichtes Böses (IV, 1, V. 45, S. 107 und V. 150 f., S. 115); teuflische Bildebene; Gefühl von Sicherheit durch zweideutige Erscheinungen.

Szene 2

IV, 2 Mord an der Familie Macduffs

In einem Raum in Macduffs Burg in Fife berichtet Rosse Lady Macduff und ihrem Sohn, dass Macduff nach England geflohen sei. Während Rosse versucht, Lady Macduff davon zu überzeugen, dass die Handlung ihres Gatten positiv sei, hält Lady Macduff diese für feige. Sie lässt sich nicht überzeugen und fürchtet sich vor der schutzlosen Zukunft. Rosse erträgt die Klagen Lady Macduffs nicht länger, verabschiedet sich und lässt sie mit ihrem Sohn allein zurück. Während Lady Macduff mit ihrem Sohn über seinen Vater spricht, tritt ein Bote auf, der ihnen sagt, dass sie in Lebensgefahr seien. Doch die schutzlose Familie hat keinen Zufluchtsort. Mörder treten auf, töten ihren Sohn, und Lady Macduff rennt, von den Mördern verfolgt, weg.

Stichwörter/wichtige Textstellen:
Mord an Unschuldigen ohne Rechtfertigungsmöglichkeit; Brutalität und Feigheit Macbeths;

Szene 3

IV, 3 Widerstandspläne Malcolms und Macduffs; Macduffs Racheschwur

Im Palast des Königs von England hat Macduff Malcolm aufgesucht, um ihn zur Revolte gegen Macbeth anzutreiben. Malcolm testet jedoch zunächst Macduffs Ehrlichkeit, da er durch das tyrannische Regime Macbeths jeglichen ehemaligen Freunden gegenüber misstrauisch sein müsse. So gibt er vor, er wäre ein weitaus schlechterer Herrscher als Macbeth, gekennzeichnet von unmoralischen Lastern und allgemeiner Regierungsunfähigkeit. Aus tiefstem Herzen heraus trauert Macduff um Schottland und Malcolm ist überzeugt, dass er ihm trauen kann. Er erläutert Macduff den Grund seines Täuschungsmanövers und es stellt sich heraus, dass Malcolm ein in jeder Hinsicht geeigneter König Schottlands sein würde. Malcolm sichert Macduff seine Unterstützung für die geplante Rebellion zu. Rosse tritt auf und berichtet nach einigem Zögern von dem grausamen Mord an Madcduffs Familie. Macduff ist zunächst schier sprachlos, fasst sich jedoch wieder und schwört Rache.

Stichwörter/wichtige Textstellen:
„Macduff: (...) Doch, gütiger Himmel, (...) Stirn zu Stirn stelle mich diesem Satan Schottlands gegenüber; bringe ihn in die Reichweite meines Schwertes (...)" (IV, 3, V. 231 f., S. 137); Dramatische Gegensätze: König Edward (IV, 3, V. 147 f., S. 131), König Duncan (IV, 3, V. 108 f., S. 129) vs. König Macbeth (Tyrann).

Akt V

Szene 1

V, 1 Schlafwandelszene, Lady Macbeth enthüllt ihre Schuld.

In Macbeths Schloss in Dunsinane sprechen ein Arzt und eine Kammerfrau über Lady Macbeth, die aufgrund ihres schlechten Gewissens über die Mordtaten schlafwandelt. Während sie mit einer Kerze an dem Arzt und der Kammerfrau vorbeiwandelt, erlebt sie im Schlaf einige der Vorfälle, die sie durchlebt hat, und enthüllt ihre Schuld. Sie versucht krampfhaft, ihre Hände vom Blut rein zu waschen und der Arzt stellt fest, dass sie eher einen Geistlichen als einen Arzt brauche.

Stichwörter/wichtige Textstellen:
„Lady Macbeth: Hier ist noch der Geruch des Blutes: Alle Wohlgerüche Arabiens werden diese kleine Hand nicht süßer riechen lassen. Oh! oh! oh!" (V, 1, V. 46 f., S. 141)
Wahnsinn Lady Macbeths; Prosa; dramatische Ironie;

Szene 2

V, 2 Angriff auf Dunsinane

In der Nähe von Dunsinane rüstet sich ein Trupp treuer Schotten für die Rebellion gegen Macbeth. Sie planen, die englischen Streitkräfte in der Nähe des Waldes von Birnam zu treffen. Die Thanen sprechen über das momentane Befinden des Tyrannen Macbeth, dessen Morde und Treuebruch nun öffentlich bekannt seien. Siegessicher marschieren sie nach Birnam.

Stichwörter/wichtige Textstellen:
Kriegsvorbereitungen; Anspielung auf Birnam und Dunsinane (vgl. Prophezeiung).

Szene 3

V, 3 Macbeths Vorbereitung auf den Kampf

Im Inneren des Schlosses von Dunsinane bereitet sich Macbeth für die Schlacht vor. Den Prophezeiungen der Hexen vertrauend, hält er sich für unbesiegbar, solange sich der Wald von Birnam nicht nach Dunsinane bewege und er keinen Knaben, der nicht von einer Frau geboren worden ist, kenne. Boten berichten ihm, dass die englischen Streitkräfte angekommen und gegen ihn gerüstet seien. Er gesteht Seyton, dass er seine Position lieber auf tugendhafte Weise erlangt und sich ein Altwerden unter Freunden gewünscht hätte. Der Arzt erklärt Macbeth, dass er Lady Macbeth nicht helfen könne, da ihr Hirn und nicht ihr Körper krank sei. Macbeth ist besessen von den Prophezeiungen der Hexen und beschließt, weder Tod noch Untergang zu fürchten, bis der Wald von Birnam nach Dunsinane komme.

Stichwörter/wichtige Textstellen:
Macbeths vollständige Besessenheit von den teuflischen Mächten.

!

Szene 4

V, 4 Tarnung der widerständischen Truppen durch Äste des Waldes von Birnam

In der Nähe von Dunsinane bei dem Wald von Birnam haben sich die Truppen gegen Macbeth versammelt. Malcolm befiehlt jedem seiner Soldaten, sich einen Ast abzuhauen und vor sich herzutragen, um die Stärke des Heeres verdeckt zu halten. Sie erfahren, dass Macbeth in Dunsinane bleiben und es auf eine Belagerung ankommen lassen wolle.

Stichwörter/wichtige Textstellen:
Wiederherstellung der natürlichen Ordnung; Einleitung des Endkampfs für die Ordnung: „Siward: (...) der gewisse Ausgang muss von Schwerthieben entschieden werden" (V, 5, V. 20, S. 153).

!

Szene 5

V, 5 Tod Lady Macbeths

Innerhalb der Burg wartet Macbeth noch immer siegessicher auf den Angriff Malcolms und seiner Truppen. Er bedauert, dass er den Verrätern nicht im Schlachtfeld begegnen könne, da ihn zu viele Leute im Stich gelassen hätten. Aus dem Schloss ertönt das Klagegeschrei von Frauen. Während Seyton hineineilt, um zu erfahren, wodurch dieses hervorgerufen worden ist, denkt Macbeth daran, dass ihn bei all seinen Erfahrungen mit den

Gräueln nichts mehr erschrecken könne. Seyton kehrt zurück und berichtet, dass Lady Macbeth gestorben sei. Hierauf stellt Macbeth fest, dass das Leben sinnlos und absurd sei.
Ein Bote erscheint mit der Nachricht, dass sich der Wald von Birnam Richtung Dunsinane zu bewegen scheine. An die Prophezeiungen erinnert, kehren seine Ängste zurück. Macbeth erkennt die teuflische Zweideutigkeit der Hexen, die ihn ins Verderben getrieben hat, und ändert seine Strategie, indem er kurz entschlossen zu den Waffen greift, um zumindest mit der Rüstung am Leibe zu sterben.

!

Stichwörter/wichtige Textstellen:
Monolog: Absurdität des Seins (V, 5, V. 19–28, S. 155);
„Ich zügele meine Entschlossenheit; und beginne, die Zweideutigkeit des Teufels zu argwöhnen, der lügt, als wäre es Wahrheit: ‚Sei ohne Furcht, bis der Wald von Birnam nach Dunsinane kommt'; – und jetzt kommt ein Wald auf Dunsinane zu. (...) Ich fange an, der Sonne müde zu sein und wünschte, das Weltgebäude wäre nun zerstört. – Läutet die Sturmglocke! – Wind, wehe! Komm, Untergang! Wenigstens werden wir mit der Rüstung am Leibe sterben." (V, 5, V. 42–52, S. 155–157)

Szene 6

V, 6 Angriff ohne Tarnung

Malcolm, Macduff und Siward nähern sich mit ihren durch die Äste verdeckten Truppen dem Schloss. Malcolm befiehlt den Soldaten, die Blättertarnung fallen zu lassen und das Schloss des Tyrannen anzugreifen.

Stichwörter/wichtige Textstellen:
Beginn der Schlacht.

Szene 7

V, 7 Eroberung der Burg durch Malcolms Truppen

Auf dem Schlachtfeld trifft Macbeth, besessen von dem Gedanken an die Prophezeiung der Hexen, auf den jungen Siward und tötet ihn im Kampf. Während Macbeth unter den Kämpfenden keinen erkennen kann, der nicht von einer Frau geboren worden ist, erscheint Macduff, der den Tyrannen sucht, um den Mord an seiner Familie zu rächen. Siward und Malcolm berichten, dass die Truppe Macbeths in der Zwischenzeit kapituliert habe, so dass der rechtmäßige König Malcolm in die Burg einziehen könne.

Stichwörter/wichtige Textstellen:
Wiederherstellung der Ordnung; „Wir sind auf Feinde getroffen, die an unserer Seite kämpfen." (V, 7, S. 161)

Szene 8

V, 8 Tod Macbeths durch Macduff

Macbeth erkennt, dass der Kampf verloren ist, dennoch will er sich bis zum Letzten wehren. Er trifft auf Macduff. Während sie kämpfen, ist sich Macbeth siegessicher, da er keinem unterliegen solle, der von einer Frau geboren worden sei. Hierauf erklärt Macduff, dass er vorzeitig aus dem Leibe seiner Mutter herausgeschnitten worden sei. Macbeth verflucht die teuflischen Hexen, doch er ergibt sich nicht und wird im Zweikampf getötet.

Stichwörter/wichtige Textstellen:
Macbeth erkennt die tragische Zweideutigkeit der Prophezeiungen: „Und glaube man nicht mehr diesen gaukelnden Teufeln, die uns mit Doppeldeutigkeit zum besten haben; die ihr Versprechen unseren Ohren halten und es unserer Hoffnung brechen." (V, 8, V. 19–21, S. 161–163)

Szene 9

V, 9 Wiederherstellung der natürlichen Ordnung

Im Schloss sprechen Malcolm und seine königlichen Truppen über den Verlauf der Schlacht und die Verluste. Nicht viele ihrer Soldaten sind gestorben und der junge Siward starb den ‚ehrenhaften' Tod eines Soldaten. Macduff wird vermisst, doch dann erscheint er mit Macbeths Kopf in der Hand und grüßt den rechtmäßigen König von Schottland.
Als Zeichen seiner Anerkennung der loyalen Dienste macht Malcolm seine Thanen und Verwandten zu Grafen, verspricht, an Macbeths Verbündeten Rache zu nehmen, und lädt seine Untertanen zur Krönung nach Scone ein.

Stichwörter/wichtige Textstellen:
Krönung Malcolms.

2.3 Aufbau

1) Kompositionsstruktur

Bau nach dem gattungskennzeichnenden Fünf-Akt-Schema

Der Elisabethanischen **Tragödienkonzeption** als Drama vom *Fall of Princes*[10] entsprechend folgt die Kompositionsstruktur des *Macbeth* dem gattungskennzeichnenden **Fünf-Akt-Schema**, bei dem nach der Exposition (Akt I) die Entfaltung des dramatischen Konflikts in einen aufsteigenden und einen fallenden Handlungsteil gegliedert ist. Die Handlungssteigerung findet über mehrere Stufen (Akt II, III) bis zum Höhepunkt, der Krisis (Akt III), statt. Die Krisis bildet den Wendepunkt der Handlung, die nun wieder über mehrere Stufen (Akt IV) bis zur Lösung des Konflikts in der Katastrophe (Akt V) fällt.

Die **Plotkonstruktion** *Macbeth* ist überschaubar und **einsträngig**.

Der **expositorische erste Akt** des Dramas gliedert sich in **sieben Szenen**, in denen die Verhältnisse dargelegt werden, aus denen der dramatische Konflikt entspringt. Szene 1 bildet mit dem Auftritt der Hexen auf einem Feld den Auftakt des Dramas und die Einleitung in den Konflikt. Die Hexen beschwören die Umkehr aller Werte und planen, Macbeth zu treffen. Szene 2 verdeutlicht mit der Präsentation des Königs Duncan die natürliche Ordnung, welche im Laufe des Dramas umgekehrt wird. Szene 3 verschärft den Konflikt. Die Hexen treffen auf einer Heide mit Macbeth und Banquo zusammen, um ihre doppelbödigen Prophezeiungen auszusprechen. Macbeth hat erste Mordgedanken. In den Szenen 4, 5 und 6 steigert sich der Konflikt durch Duncans Plan, Inverness zu

10 Vgl. Suerbaum, S. 170.

besuchen, und seine tatsächliche Ankunft. Macbeths Mordplan festigt sich durch die boshafte Unterstützung Lady Macbeths. **Szene 7** bildet den **Höhepunkt des ersten Aktes**, die Macbeths beschließen endgültig, ihren Mordplan auszuführen.

Der **zweite Akt** gestaltet stufenweise in **vier Szenen** die Verschärfung des im ersten Akt eingeführten Konflikts, die Handlung gegen König Duncan. Szene 1 setzt die Voraussetzungen für den Mord. Es ist Nacht, König Duncan befindet sich in seinem Schlafgemach und Lady Macbeth gibt das Mordsignal. In **Szene 2**, dem **Höhepunkt des zweiten Aktes**, begeht Macbeth den **Königsmord**. Die dritte Szene dient zunächst durch die ironische Einlage des betrunkenen Pförtners zur Erheiterung und als Ventil für aufgestaute Affekte (nach dem grausamen Höhepunkt in der vorangehenden Szene). Weitere Kennzeichen sind das Entdecken des Mordes und die Flucht der Prinzen. **Szene 4** stellt die **verheerenden Auswirkungen des Königsmordes auf das gesamte System**, auf Mikro- und Makrokosmos dar. Während Macbeth der neue designierte König ist, herrscht in Schottland Chaos.

Im **dritten Akt**, der in **sechs Szenen** gegliedert ist, wird der Konflikt zunächst durch Macbeths skrupellose Pläne gegen Banquo und seinen Sohn Fleance (Szene 1–2) weiter gesteigert. In der **dritten Szene**, in welcher nur der Mord an Banquo, jedoch nicht an Fleance gelingt, erreicht der Konflikt seine **Krisis**. In den folgenden **Szenen 4, 5 und 6** wird der Umschwung der Handlung, die **Peripetie**, eingeleitet. In Szene 4, der Bankettszene, findet die erste, folgenreiche Erschütterung Macbeths durch seine Vision vom Geiste Banquos statt (siehe Kapitel 2.4). In Szene 5 vollziehen die Hexen ihren letzten, bösartigen Zauber, der Macbeth in den Untergang trei-

Krisis und folgender Umschwung der Handlung in III,3

ben soll, und in Szene 6 wird Macduffs Verdacht gegen Macbeth offenkundig. Erste Umsturzpläne werden gefasst.
Der **vierte Akt**, in **drei Szenen** unterteilt, gestaltet die fallende Handlung des Dramas. In Szene 1 antworten die Hexen auf Macbeths Fragen über seine Zukunft mit den drei Erscheinungen, die ihn zunächst in Sicherheit wiegen, da er deren zweideutige Aussagen noch nicht erkennt. **Szene 2** gestaltet mit dem von Macbeth in Auftrag gegebenen Mord an der unschuldigen Familie Macduffs einen **Höhepunkt der Grausamkeit des Protagonisten**. Zugleich wird seine zunehmende Hilflosigkeit deutlich. In Szene 3 werden konkrete Rebellionspläne gegen Macbeth gefasst, Macduff schwört Rache.
Die Handlung des vierten Aktes treibt notwendig auf die **Katastrophe im fünften Akt** zu. In **neun Szenen** gegliedert, wird zunächst in Szene 1 der Wahnsinn Lady Macbeths dramatisiert, die beim Schlafwandeln ihre Schuld enthüllt. In den Szenen 2–7 wird stufenweise die Handlung gegen den König Macbeth, der Angriff auf Dunsinane, dramatisiert, wobei insbesondere der Wahnsinn des von den Prophezeiungen besessenen Macbeth hervorgehoben wird. Am Ende von Szene 7 kapituliert die Truppe Macbeths, **Szene 8** stellt den **endgültigen Fall des Protagonisten** dar, der im Kampf von Macduff getötet wird. In der letzten **Szene 9** findet mit dem Designieren des rechtmäßigen Königs Malcolm die **Wiederherstellung der natürlichen Ordnung** statt.

Die wichtigsten in dem Drama gestalteten **Leitthemen** sind:

- **Umsturz und Wiederherstellung der staatlichen Ordnung**
- **Das Böse als einzelmenschliche Schuld und Sühne**
- **Das Böse als metaphysische Auseinandersetzung zwischen himmlischen und höllischen Mächten**

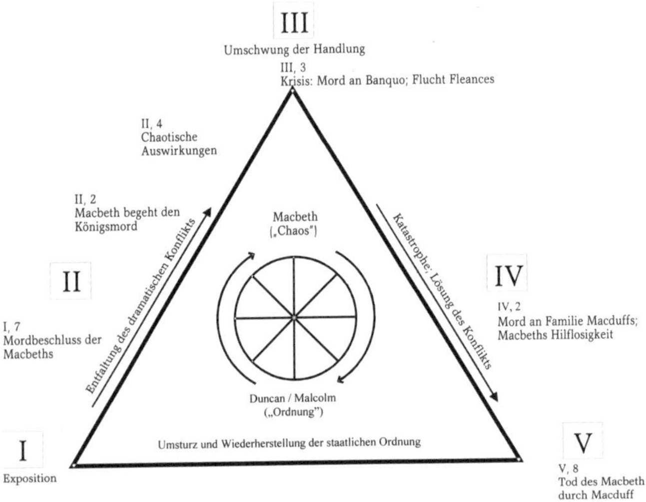

2) Szenenstruktur

Neben dem Dramatisieren der in einem Plot schilderbaren Ereigniskette liegen dem Drama Shakespeares weitere wichtige Intentionen zugrunde, die bei einer Analyse der Gesamtkomposition berücksichtigt werden müssen. Das allgemeine, aus der Antike übernommene Ziel von Literatur war es, zu nützen und zu lehren (*prodesse*) sowie zu unterhalten (*delectare*)[11]. Dementsprechend ist sowohl die **Präsentation wirksamer Unterhaltungsmomente und sprachlicher Kunstfertigkeit** als auch die **Gestaltung di-**

Bedeutung der Eigenhandlung der einzelnen Szenen für die Analyse der Gesamtkomposition

11 Vgl. ebd., S. 45.

daktischer Intentionen ein wichtiges Kriterium für das Verfassen eines erfolgreichen Dramas. Um dieses Ziel zu erreichen, gewinnt **die Eigenhandlung der einzelnen Szenen** an Bedeutung.

Im *Macbeth* gibt es sowohl Zwei-Personen-Szenen (I, 5) als auch Massenszenen (I, 4), in denen ein großer Teil der Bühnengesellschaft auftritt. Jede Szene ist ein wichtiger Bestandteil des Plot, hat jedoch auch eine Eigenhandlung, die für die Zuschauer durch bestimmte Merkmale interessant sein muss. Um die uneingeschränkte Aufmerksamkeit des Publikums zu erreichen, ist das wichtigste Prinzip der einzelszenischen Gestaltung das **Durchbrechen der Normalität.** So finden sich im *Macbeth* für den dramatischen Effekt wichtige Szenen, in denen zunächst eine ritualhafte Handlung dramatisiert, dann aber gestört wird, so dass die Erwartungen der Zuschauer durchbrochen werden. Beispiele hierfür sind die Staatsszene (I, 4), in welcher der rechtmäßige König Duncan mit höfischem Zeremoniell seinen Sohn Malcolm als Nachfolger verkündet, nachdem das Publikum zuvor erfahren hat, wie Macbeth die Krone prophezeit worden ist (I, 3). Die Bankettszene (III, 4), die traditionell ein festliches, nach bestimmten Ritualen verlaufendes Ereignis am Hofe des Königs ist, endet durch das Auftreten des Geistes von Banquo katastrophal. Bei der Lösung des Konfliktes wird der Szenenverlauf jedoch wieder den Erwartungen des Publikums gerecht, da dem Tragödienkonzept und dem Elisabethanischen Weltbild entsprechend (*wheel of fortune*) die natürliche Ordnung durch den Zweikampf zwischen dem ‚guten' Macduff und dem ‚bösen' Macbeth (V, 8) wiederhergestellt wird und der rechtmäßige König den Thron besteigt (V, 9).

Ein wichtiges dramatisches Mittel zur Verknüpfung der einzelnen Szenen zu einem Plot ist, neben der Handlung in Form von Handlungssequenzen und der Relationen von Parallelität und Kontrast der Figuren (siehe Kapitel 2.4), die **Entwicklung eines räumlichen und zeitlichen Prozesses**. So verläuft beispielsweise der Konfliktaufbau des expositorischen Aktes vom Feld (I, 1) und Schlachtfeld (I, 2) über den Königshof (I, 4) nach Inverness (I, 5, 6, 7), dem Ort des geplanten Königsmordes (II, 2). Der Raumfolge entspricht die zeitliche Abfolge der Szenen, die chronologisch von Tag (I, 1, 2, 3, 4, 5) über Dämmerung (I, 6) bis hin zum Abend (I, 7) und zur Nacht (II, 1, 2) verläuft.

2.4 Personenkonstellation und Charakteristiken

Durch die repräsentative Bühnengesellschaft können gesellschaftspolitische Ereignisse in ihren Auswirkungen auf das gesamte System dargestellt werden.

Die **Bühnengesellschaft** des *Macbeth* **repräsentiert** die wirkliche Elisabethanische Gesellschaft in ihren wichtigen **Funktionsmitgliedern**, so dass gesellschaftspolitische Ereignisse und ihre Auswirkungen auf das gesamte System dargestellt werden können. Dem monarchischen System entsprechend ist die Ordnung dieser Gesellschaft **hierarchisch gegliedert**. An der Spitze der Pyramide steht der König Duncan, der im Laufe des Dramas bei der Ausübung seiner Funktionen gezeigt wird (I, 2, 4, 6). Unter ihm stehen die nah verwandten Adligen, die für eine Nachfolge in Frage kommen, Malcolm, Donalbain, Macbeth und Banquo. Die nächstniedere Stufe bilden die übrigen schottischen Adligen, deren wichtigste Vertreter Macduff und Lenox sind. Bedienstete, Boten und Soldaten bilden die Schicht der Befehlsempfänger. Auffällig ist das Fehlen der gesellschaftlichen Mittelschicht, des Bürgertums. Das gemeine Volk, das nicht in den Diensten des Adels steht, wird lediglich vereinzelt durch einen alten Mann (II, 4) und durch einen Lord (III, 6) repräsentiert. Hier erfüllt der Mann eine wichtige dramatische Funktion, er berichtet von den chaotischen Auswirkungen des Königsmordes auf das gesamte Land. Die Beziehungen der einzelnen Figuren sind jedoch nicht nur durch ihre politisch-gesellschaftlichen Funktionen gekennzeichnet, sondern auch durch Verwandtschaft. Hieraus ergeben sich, neben dem **Überlappen von staatlichen und familiären Ereignissen**, die einzelnen Figurengruppierungen innerhalb der Bühnengesellschaft, zumeist **Zweierkonstellationen**, wie beispielsweise Macbeth

Hauptsächlich Zweier- und Dreierkonstellationen

und Lady Macbeth, Malcolm und Donalbain, Banquo und Fleance. Die Bildung von Figurenpaaren dient zum einen der Verstärkung der figurenspezifischen dramatischen Funktion und der Dialoggestaltung. Zum anderen lassen sich anhand der Zweierkonstellationen **Parallelen und Kontraste** gestalten, die für die Entfaltung der einzelnen Charakterprofile und den dramatischen Effekt bedeutsam sind. Neben den Zweier- gibt es auch **Dreierkonstellationen**, wie beispielsweise die drei Hexen, die drei Mörder oder die drei Erscheinungen. Auffällig ist hierbei, dass sich die Dreiergruppierungen zumeist auf der außergesellschaftlichen Seite befinden. Es gibt jedoch auch Szenen, in denen die Kombination von drei Figuren **für die Plotstruktur entscheidend** ist. Beispiele hierfür sind die Staatszene (I, 4), in der Duncan und der zu seinem Nachfolger designierte Malcolm Macbeth den prophezeiten Weg zur Krone versperren, und die Schlafwandelszene (V, 1), in der Arzt und Kammerfrau parallel als Vertreter der rechtmäßigen Ordnung der schlafwandelnden Lady Macbeth gegenüberstehen.
Im Folgenden wird die **Dramaturgie der wichtigsten Einzelcharaktere** des *Macbeth* in ihren Funktionen für die Gesamtkomposition erläutert.

Macbeth

Erster Auftritt des Protagonisten in I, 3.

Die Titelfigur Macbeth ist ein **komplexer Charakter**. Eingeführt wird Macbeth in den ersten beiden Szenen des Dramas als heldenhafter Repräsentant der Ordnung, die er später selbst zerstört. Bevor er selbst erst in der dritten

Szene auftritt, wird er von den Hexen bereits in der ersten Szene im Zusammenhang mit der geplanten Umkehr aller Werte genannt und in der zweiten Szene als Sieger in einer Schlacht und Retter Schottlands gefeiert. In der dritten Szene begegnen Macbeth und Banquo den Hexen, und beide werden zunächst als Dialogpartner parallel mit den Prophezeiungen der Hexen konfrontiert. Macbeth wirkt jedoch sichtlich erregter als Banquo, der den metaphysischen Mächten gegenüber skeptisch ist. Nachdem sich die erste Prophezeiung für Macbeth erfüllt hat und er Than von Cawdor geworden ist, wird Banquo, der Macbeth vor einem übereilten Vertrauen in die Hexen warnt, zur Kontrastfigur weiterentwickelt (s. u.).

Macbeth existiert als öffentlicher und als privater Charakter.

Macbeth sondert sich von seinem Umfeld ab und beginnt, seine Gedanken in Form von *asides* und Monologen auszusprechen, so dass das Publikum im weiteren Verlauf des Dramas mit einer **Doppelidentität des Protagonisten** konfrontiert wird. Zum einen ist Macbeth der öffentliche Than, ein die Normen und Konventionen wahrender Heuchler, und zum anderen ein von starken, inneren Widersprüchen geleiteter privater Mann, den nur das Publikum kennt. Die psychische Beschaffenheit des Helden ist äußerst vielschichtig, so wird er beispielsweise durch **überhöhten Ehrgeiz** zu grausamen Verbrechen angeleitet und empfindet hierbei von Beginn an, auf höchst **sensible** Weise, das Grauen seiner eigenen Skrupellosigkeit (Vgl. I, 3, V. 137–142, S. 25). Macbeth besitzt eine **außergewöhnliche, fast schon krankhafte Vorstellungskraft**, die ihm die Konsequenzen seiner Mordpläne bildlich vor Augen stellt. Er ist **anfällig für das Irrationale**, doch gleichzeitig auch äußerst **weitsichtig**, so dass er sein eigenes sittenwidriges Verhalten

Psychische Komplexität des Protagonisten

analysieren kann. Als Beispiel hierfür sei ein **wichtiger Monolog des ersten Aktes** aufgeführt:

> *„Wenn es damit getan wäre, wenn es getan ist, dann wäre es gut, es würde schnell getan: wenn der Meuchelmord die Folgen hemmen und mit seinem Ende den Erfolg einfangen könnte; dass nur dieser Stoß das Alles-Sein und Alles-Enden wäre – hier, wenigstens hier, auf dieser Sandbank der Zeit, wir würden das zukünftige Leben aufs Spiel setzen. – Aber in diesen Fällen empfangen wir das Urteil noch hier; dass wir nur blutige Lehren erteilen, die, wenn sie erteilt worden sind, zurückkehren, um den Urheber zu plagen: diese unparteiische Gerechtigkeit bietet die Zutat unseres vergifteten Kelches unseren eigenen Lippen. Er ist hier in zweifacher Obhut: erstens, weil ich sein Blutsverwandter und sein Untertan bin, beides ist entschieden gegen die Tat; dann als sein Gastgeber, der ich vor seinem Mörder die Tür verschließen sollte, nicht selbst das Messer führen. Außerdem hat dieser Duncan seine Vorrechte so milde ausgeübt (...), dass Tränen den Wind ertränken werden. – Ich habe keinen Sporn, um ihn in die Flanken meiner Absicht zu stoßen, außer hochschnellenden Ehrgeiz, der sich überspringt (...).“* (I, 7, V. 1–28, S. 39)

Um einen **detaillierteren Einblick in den vielschichtigen Charakter** des Protagonisten zu erhalten, ist es sinnvoll, sich die im Laufe des Dramas ausgeführten Taten Macbeths zu vergegenwärtigen und diesen dann seine jeweiligen Gedanken gegenüberzustellen, wie es in der folgenden **Übersicht** dargestellt ist.

Taten Macbeths	Gedanken Macbeths
Macbeth ermordet den gerechten und vom Volk geschätzten König Duncan, der gleichzeitig auch ein Verwandter ist. Macbeth begeht somit ein höchst schändliches, gegen die göttliche Ordnung gerichtetes Verbrechen, das dadurch verschlimmert wird, dass Duncan in Macbeths Burg als Gast ermordet wird.	Zunächst erschreckt Macbeth sein Mordgedanke, den er unmittelbar nach der Erfüllung der ersten Prophezeiungen hegt (I, 3, V. 128–142, S. 25). Dennoch festigt sich der Mordplan, als er von Malcolms Nachfolge und Duncans geplantem Besuch erfährt und sofort nach Inverness eilt („(...) lasst das geschehen, was das Auge, wenn es getan ist, zu sehen sich fürchtet", I, 4, V. 52 f., S, 29). Dessen ungeachtet will Macbeth zunächst „in dieser Angelegenheit nicht fortfahren" (I, 7, V. 31 f., S. 41) und es bedarf Lady Macbeths rhetorischen Geschicks und guter Kenntnis ihres Gatten, um ihn zu dem Mord zu bewegen. Kurz vor der Tat hat Macbeth die erste Dolchvision (II, 1, V. 33–61, S. 47 f.), die der Zuschauer durch einen langen Monolog miterlebt. Hier wird seine Besessenheit deutlich, denn der Dolch, ein Objekt seiner Phantasie, weist ihm den Weg zur Schlafkammer Duncans. Schnell wird ihm bewusst, dass der Dolch Einbildung ist und auch sein Vorhaben assoziiert er mit höchstem Bösen. Nach dem Mord scheint Macbeth wiederum schockiert und von Reue gezeichnet (II, 2). Er weiß, seine Schuld kann nie wieder ‚reingewaschen' werden (II, 2, V. 58 f., S. 53).
Macbeth beauftragt drei Männer mit dem Mord an seinem Freund Banquo	Macbeth ist zwar König, dennoch fühlt er sich in seiner Position nicht sicher. Er beschreibt sein psychisches Befinden und

und dessen Sohn Fleance. Fleance entkommt.

den Grund für den Mordauftrag selbst in einem langen Monolog: „So zu sein ist nichts, außer man ist es in Sicherheit: unsere Furcht vor Banquo steckt tief, und in seiner königlichen Natur herrscht, was zu fürchten ist (...). Es gibt niemand außer ihm, dessen Existenz ich fürchte, und unter ihm wird mein Genius in Schranken gehalten. (...) prophetengleich, grüßten sie [die Hexen] ihn als Vater einer Linie von Königen. Auf meinen Kopf setzten sie eine unfruchtbare Krone (...). Wenn es so ist, dann habe ich für Banquos Nachkommenschaft mein Denken besudelt; für sie habe ich den gütigen Duncan ermordet (...)." (III, 1, V. 48–71, S. 73 f.) In einem Gespräch mit Lady Macbeth erwähnt er, dass ihn jede Nacht „schreckliche(...) Träume" schütteln würden (III, 2, V. 17 f, S. 81), dass sein Kopf „voller Skorpione" sei (V. 36, S. 83) und dass Dinge, die „böse" begonnen hätten, durch „Schlechtes" ihre Stärke gewinnen würden (V. 55, S. 83). Hier hat er sich bereits von seiner Gattin distanziert, die von seinen Plänen gegen Banquo nichts weiß und somit ihren anfänglichen Einfluss auf Macbeth verliert. Nach dem Mord erschüttert Macbeth die Erscheinung des Geistes Banquos während des Banketts und er ist nicht mehr in der Lage, seine Visionen von der Realität zu trennen (III, 4, V. 75 f., S. 93). Macbeth kann sein Handeln nicht mehr frei bestimmen, er spricht mit dem Geist und redet sich ein, dieser sei nicht real. Er wird zum Opfer seiner Besessenheit und vertraut tragischerweise nur noch auf die Hexen, die den Anstoß für sein Übel gegeben haben.

Macbeth schickt Mörder zu Macduffs Burg, um dessen Frau und Kinder zu töten.

Zu dem Mord an der unschuldigen Familie Macduffs äußert sich Macbeth nicht explizit. Er sagt im Zusammenhang mit Macduffs Verweigerung seiner Einladung, dass er seltsame Dinge im Kopf habe, die ausgeführt werden müssten, ehe sie genauer erwogen werden könnten (III, 5, V. 138 f., S. 97). Nach seinem erneuten Zusammentreffen mit den Hexen (IV, 1), das ihm keine deutlichen Aussagen über sein Schicksal gebracht hat, erfährt er, dass Macduff nach England geflohen ist, um gegen ihn zu rebellieren. In einem *aside* fasst er den Mordentschluss, der als Akt sinnloser Gewalt aus Verzweiflung heraus erscheint: „(...) ich will Macduffs Burg überfallen; Fife an mich reißen; seine Frau, seine Kinder und alle unglücklichen Seelen, die ihm in seiner Linie nachfolgen, der Schneide des Schwertes überantworten. Kein Prahlen wie ein Narr; diese Tat tue ich, ehe die Absicht kalt ist" (IV, 1, V. 149 f., S. 115). Im weiteren Verlauf des Dramas erwähnt Macbeth lediglich einmal und nur implizit die Bluttat, als er Macduff im finalen Zweikampf gegenübersteht: „(...) zieh dich zurück, meine Seele ist bereits zu sehr mit Blut von dir belastet" (V, 8, V. 5, S. 161). Es kann lediglich darüber speku-

	liert werden, ob diese Aussage Reue beinhaltet oder nur zur Provokation des Gegners gedacht ist.
Nachdem Macbeth durch den Mord an Duncan zur Krone gelangt ist, hält er seine Position durch Spionage und Täuschung.	Macbeths Spione und Täuschungsmanöver sind, wie Malcolm in seinem Gespräch mit Macduff erwähnt (IV, 3, V. 114 f., S. 129), bekannt und gefürchtet. Da Macbeth scheinbar nur auf diese Weise seine unrechtmäßige Herrschaft sichern kann, wird deutlich, dass er sich auf paranoide Weise als von Feinden umgeben betrachtet.

Macbeths ausführliche Reflexionen wirken seinen Taten entgegen.

Macbeths verbrecherische Taten und seine diesen entgegenwirkenden ausführlichen Reflexionen treiben ihn zuletzt in die stumpfe Verzweiflung, denn nicht einmal der Tod seiner ihm zuvor so nahe stehenden Gattin berührt ihn sonderlich tief. Charakteristischerweise ist er sich dessen auch bewusst, wenn er sagt, er habe den „Geschmack der Angst" vergessen und sich an Greueln „satt gegessen" (V, 5, V. 9 f., S. 153). Auf die Nachricht von ihrem Tod reagiert er mit den kargen Worten: „Sie hätte später sterben sollen" (V, 5, V. 17, S. 155). Der daran anschließende Monolog drückt nicht explizit Trauer aus, sondern seine **Ansicht über die Absurdität des Lebens generell**:

„Das Morgen und das Morgen und das Morgen schleicht langsam dahin von einem Tag zum andern bis zur letzten Silbe der aufgezeichneten Zeit; und alle unsere Gestern haben Narren

den Weg zum staubigen Tod geleuchtet. Aus, aus, kurzes Licht! Das Leben ist nichts als ein wandelnder Schatten; ein armer Schauspieler, der seine Stunde auf der Bühne stolziert und sich quält und dann nicht mehr gehört wird: es ist eine Geschichte, von einem Idioten erzählt, voller Schall und Raserei, ohne Bedeutung." (V, 5, V. 19–28, S. 155)

Lady Macbeth

Lady Macbeth ist Macbeths Motivator.

Lady Macbeth erscheint zum ersten Mal in Akt I Szene 5, während sie Macbeths Brief über die Prophezeiungen und implizierte Zukunftsaussichten verliest. Der Brief stellt sie direkt und ohne lange Exposition an die Seite ihres Gatten („meine liebste Gefährtin in der Größe" I, 5, V. 11, S. 31). Bereits an den ersten von ihr selbst gesprochenen Versen erkennt man, dass **Lady Macbeth als Parallel- und Kontrastfigur zu Macbeth** fungiert. Obwohl Macbeth seine Mordgedanken in dem Brief nicht erwähnt, kommen ihr diese samt seinen charakterlichen Schwierigkeiten sofort in den Sinn: „Glamis bist du und Cawdor; und sollst sein, was dir versprochen ist. – Doch fürchte ich deine Natur: sie ist zu voll von der Milch der menschlichen Güte, um den nächstgelegenen Weg einzuschlagen. (...)" (I, 5, V. 15 f., S. 31).
Lady Macbeth dient dem Protagonisten als **Vertraute und Komplizin**, mit der er seine Pläne besprechen und in die Tat umsetzen kann. Durch die **genaue Kenntnis ihres Gatten** kann sie seinen „Schwächen" entgegenwirken und seinen Ehrgeiz antreiben. Hierfür ruft sie zunächst ihre eigenen bösen Eigenschaften hervor, um dann damit auf die ihres Gatten einwirken zu können. Kurz entschlossen leert sie sich um der

Lady Macbeth beschwört die teuflischen Mächte.

Macht willen selbst von allen menschlichen, positiven Eigenschaften und beschwört die teuflischen Mächte, sich ihrer anzunehmen:

„Kommt, ihr Geister, die ihr den mörderischen Gedanken zu Diensten steht, nehmt mir hier mein Geschlecht und füllt mich vom Scheitel bis zur Sohle randvoll mit schrecklichster Grausamkeit! Macht mein Blut dick, verstopft den Zugang und den Weg zum Mitleid, dass keine Reueanfälle der Natur meinen grausamen Vorsatz erschüttern (...)! Kommt zu meinen Brüsten, ihr Mordgehilfen, und vergiftet meine Milch mit Galle, wo immer ihr in euren unsichtbaren Wesen dem Unheil der Natur dient. (...)" (I, 5, V. 40 f., S. 33).

Lady Macbeth repräsentiert die leitmotivischen übernatürlichen Mächte des Bösen als Figur innerhalb der Bühnengesellschaft. Die Ähnlichkeit zu den zwitterartigen Hexen ist auffällig (Vgl. I, 3, V. 39 f., S. 19). Entscheidendes kontrastives Charaktermerkmal Lady Macbeths ist ihre **Naivität und Kurzsichtigkeit**, sie drängt darauf, sofort und ohne Reflexion zu handeln, um als Königin „unbeschränkte Macht und Herrschaft" (V. 70, S. 35) zu erlangen. Für sie muss dem Begehren das Handeln folgen, weshalb sie ihren zu ‚menschlichen' Gatten aufgrund seiner Bedenken immer wieder verhöhnt, indem sie seine Männlichkeit in Frage stellt (I, 7, V. 34 f., S. 41). Als Macbeth aufgrund seiner mentalen Schwäche nach dem Mord an Duncan die Dolche mitnimmt, hat sie den **Mut**, diese zurückzubringen (II, 2, V. 53 f., S. 53), um „das große Geschäft dieser Nacht" (I, 6, V. 68, S. 35) zu Ende zu bringen. Auffällig ist, dass Lady Macbeth in ihren **rhetorischen Überredungsmaßnahmen** (Vgl. I, 7) an die leitmotivischen Argumentationsmuster der Hexen anknüpft (*Fair is foul, and* *foul is fair*), indem sie für die Durchführung einer treu- und ehrlosen sowie feigen Tat Macbeths Liebe, Ehre und Männlichkeit beschwört. Auch dieses nach Elisabethanischen Vorstellungen umgekehrte Kräfteverhältnis zwischen Mann und Frau ist ein Symptom für die chaotischen Einflüsse des Bösen, die sich nach dem Mord in der gesamten Unordnung der Natur manifestieren.

Das umgekehrte Kräfteverhältnis ist ein Symptom für die Einflüsse des Bösen.

Je mehr Macbeth im Laufe des Dramas an Dominanz gewinnt, desto mehr tritt seine Gattin in den Hintergrund. Macbeth ist nach dem Mord vollends besessen von den teuflischen Mächten, so dass er die Anleitung seiner Frau nicht mehr benötigt. Er isoliert sich von ihr und ihr Wahnsinn, die ironische Rache der Natur, kommt fast genauso plötzlich (V, 1) wie ihre Beschwörung des Bösen. Nur an wenigen Stellen im Drama erkennt man menschliche, gewissenhafte Züge Lady Macbeths, durch die man auf ein solches Ende schließen könnte. Beispiel hierfür ist ihre Aussage, dass sie Duncan selbst ermordet hätte, hätte er im Schlaf nicht ihrem Vater geähnelt (II, 2, V. 12, S. 49).

Wahnsinn als ironische Rache der Natur

Banquo

Auch Banquo, der zweite schottische Heerführer, fungiert als **Parallel- und Kontrastfigur** zu Macbeth. Sein erster Auftritt verläuft parallel zu dem Macbeths, beide werden mit den Prophezeiungen der Hexen konfrontiert (I, 3). Während Macbeth jedoch auffällig hingerissen ist, zeigt sich Banquo als äußerst kritisch und unbeeinflussbar, denn weder erbittet er die Gunst der Hexen noch fürchtet er ihren Hass (I, 3, V. 61, S. 19).

Banquo zweifelt daran, dass der „Teufel" die „Wahrheit" sagen kann (V. 107, S. 23) und in **weiser Voraussicht** warnt er seinen Freund Macbeth vor zu schnellem Vertrauen: „(...) oftmals sagen uns die Werkzeuge der Finsternis Wahrheiten, um uns zu unserem Schaden zu gewinnen; sie gewinnen uns mit ehrlichen Kleinigkeiten, um uns in tiefster Konsequenz zu verraten." (I, 3, V. 123 f., S. 23 f.)

Während sich Macbeths Hinwendung zum Bösen und somit sein moralischer Fall zunehmend verstärkt, verändert sich Banquos **rechtschaffener Charakter** bis zu seinem Tode (III, 3) nicht. In der Mordnacht kann er nicht schlafen und erklärt seinem Sohn Fleance, es läge eine „schwere Aufforderung" auf ihm. Er kämpft gegen den Einfluss der teuflischen Mächte an, indem er die „barmherzigen Mächte" anfleht, ihm die „verfluchten" Gedanken in seinen Träumen fern zu halten (II, 1, V. 5 f., S. 45). Dieses steht in deutlichem Kontrast zu Macbeth und Lady Macbeth, die für ihre dunklen Absichten die Nacht und Dämonen beschwören. Als Macbeth Banquo Ehre verspricht, wenn er sich an seinen Rat halte, distanziert sich der **ehrenhafte und weise Banquo** von Macbeth mit eindeutigen Worten: „Vorausgesetzt, dass ich keine [Ehre] verliere, indem ich sie zu vermehren suche, sondern mir immer mein Herz unschuldig und meine Loyalität rein erhalte, werde ich mir raten lassen." (II, 1, V. 27 f., S. 47)

Banquo kämpft gegen die teuflischen Einflüsse der Hexen an.

Banquo besitzt die königlichen Tugenden, die Macbeth fürchtet (III, 1, V. 53 f., S. 73). Seine **fatale Schwäche** liegt jedoch in seiner **Passivität**. Obwohl er Macbeths Prophezeiungen und dessen intensive Reaktion darauf als Einziger genau miterlebt und gedeutet hat, berichtet er niemandem davon und behält seine Zweifel für sich. Unmittelbar

Banquos tragischer Fehler ist seine Passivität.

nach der Krönung Macbeths wird dieses in einem kurzen Monolog deutlich: „Du hast es nun, König, Cawdor, Gladis, alles, wie es die Schicksalsfrauen versprachen; und ich fürchte, du hast auf höchst schändliche Weise darum gespielt. (...) Doch ruhig, nichts mehr davon." (III, 1, V. 1 f., S. 71) Dieses **Schweigen kostet ihn sein Leben**, denn bis zuletzt kommt ihm nicht der Gedanke, dass aufgrund der seine Nachkommenschaft betreffenden Prophezeiungen sein eigenes Leben in Gefahr sein könnte. Erst bei seiner Ermordung erkennt er den höllischen Verrat Macbeths (III, 3, V. 17 f., S. 85) und seine **Gutmütigkeit** erweist sich gleichzeitig als äußerst **naiv**.

Banquos Geist hindert Macbeth an seinem Erfolg.

Zuletzt ist es Banquos Geist, der Macbeth und seine Gattin an dem Bankettabend daran hindert, den adligen Gästen eine königliche Ordnung vorzuheucheln. Seine stumme, von dem brutalen Mord gekennzeichnete Erscheinung (III, 4, V. 49, S. 91) bringt den neuen König aus der Fassung und ruft Skepsis aufseiten der Untertanen hervor.

Duncan

Duncan repräsentiert das Ideal eines rechtmäßigen Königs.

Duncan ist ein **ehrenhaftes und von seinem Volk höchst geschätztes Staatsoberhaupt**, was sein Verhalten gegenüber Macbeth demonstriert. Kurz nachdem er von dessen Heldentaten auf dem Schlachtfeld erfahren hat, belohnt er seinen Vetter mit dem Titel des Verräters Cawdor (I, 2, V. 65 f., S. 15). Er setzt höchstes Vertrauen in seine Untertanen und ist sichtlich enttäuscht, als dieses missbraucht worden ist (I, 4, V. 12 f., S. 27). Dennoch behält er seine **Großzügigkeit** und seinen **Idealismus**, denn auch in Macbeth setzt er regelrecht unterwürfig blindes Vertrauen: „O würdigster Vetter! Die Sünde meiner Undankbarkeit lag gerade eben schwer auf mir. Du bist so weit vorn, dass der schnellste Flügel der Belohnung dich nicht so leicht einholt: Ich wünschte, du hättest weniger verdient, so dass ich beide, Dank und Lohn, angemessen hätte abstatten können! Mir bleibt nur zu sagen, dass dir mehr zusteht als mehr als alles zahlen kann." (I, 4, V. 14 f., S. 27)

Duncan ist großzügig und belohnt seine Untertanen für ihre Dienste.

Obwohl es die höchste Ehre für einen Untertanen ist, wenn der König sein Schloss besucht, plant Duncan bei seiner Ankunft vor der Burg Macbeths mit seinen „Gunstbeweisen" fortzufahren (I, 6, V. 30, S. 37). Obwohl Duncan nur im ersten Akt auftritt, ist er im Verlauf des Dramas stets als **normgebendes Exempel eines Königs** gegenwärtig. Macduff nennt ihn einen **höchst heiligen König** (IV, 3, V. 109, S. 129) und sogar Macbeth, sein Mörder, weiß um dessen Güte (III, 1, V. 65, S. 75) und die Grausamkeit seiner Tat.

Malcolm

Malcolm besitzt die königlichen Tugenden seines Vaters.

In Duncans **Sohn Malcolm**, dem rechtmäßigen Nachfolger, lassen sich Duncans königliche Tugenden wieder erkennen. Malcolm ist **schlau**, denn er ahnt unmittelbar nach dem Mord an seinem Vater, dass ein höchst schändlicher Verrat begangen worden ist und sein Leben sowie das seines Bruders Donalbain in Gefahr ist (II, 4, V. 139 f., S. 65). Auch in der Szene, in welcher Macduff ihn zur Rebellion gegen Macbeth veranlassen will, zeigt Malcolm **rhetorisches Geschick und Klugheit**, denn er hat aus den Fehlern seines Vaters gelernt und testet Macduffs Vertrauenswürdigkeit, bevor er sich ihm anschließt. Malcolms Schlussrede verweist auf den Beginn des Dramas und **symbolisiert die wiederhergestellte Ordnung**. Wie sein Vater Duncan belohnt er zuerst seine Untertanen für ihre tapfere Unterstützung bei dem Kampf gegen den Tyrannen. Dem Elisabethanischen Weltbild entsprechend wird Malcolm zusammen mit der „Gnade des gnädigen Gottes" (V, 9, V. 38, S. 167) regieren.

Macduff

Macduff stellt den Antagonisten dar.

Macduff hat die klassische Funktion des **Antagonisten**. Bereits sein erster Auftritt unmittelbar nach dem Mord (II, 3) wird durch das beständige Klopfen am Tor **spannungsreich eingeleitet**. Nach erstem Entsetzen über das verräterische Verbrechen (II, 3, V. 65 f., S. 59) wird er immer wortkarger und stellt Macbeths angebliche Reaktion auf den Königsmord, seinen unüberlegten Mord an den Kammerdienern, in Frage (II, 3, V. 105, S. 63). Macduff gibt sich deutlich als **Oppositioneller Macbeths** zu erkennen, als er nicht zur Krönung nach Scone geht (II, 4, V. 36, S. 69) und darüber hinaus Macbeths Einladung zum königlichen Bankett verweigert (III, 4, V. 127, S. 95). Diese Handlungen Macduffs lassen erkennen, dass er Macbeth misstraut. Er legt Macbeth gegenüber keine falsche Freundlichkeit an den Tag und flüchtet nach England, um mit dem rechtmäßigen König Malcolm gegen den Tyrannen zu kämpfen. Somit erweist er sich als **ehrlich**, **entschlossen**, **unbestechlich**, und **äußerst loyal**. In seinem Gespräch mit Malcolm wird deutlich, dass er ein Mann der Taten und nicht der Worte ist: „Lasst uns lieber unser

Macduff ist ein Mann der Taten und nicht der Worte.

tödliches Schwert festhalten und wie rechtschaffene Männer das gefallene Land unserer Geburt verteidigen." (IV, 3, V. 3 f., S. 121) Macduffs **intensiver Sinn für Gerechtigkeit** spiegelt sich in der Tatsache, dass er bei seiner Flucht nach England Frau und Kinder zurücklässt und es nicht in Erwägung zieht, dass Macbeth diesen etwas antun könnte. Durch seine Rechtschaffenheit und mentale Stärke kann er die Verzweiflung über den Mord an seiner Familie in Hass und Verlangen nach rechtmäßiger Rache umleiten und den Tyrannen Macbeth im Zweikampf besiegen.

Macduff rächt den Mord an Duncan und an seiner Familie, indem er Macbeth tötet.

2.5 Sachliche und sprachliche Erläuterungen

Akt I[12]

Szene 1

V. 8 ***Graymalkin*****:** Name einer grauen Katze. Katzen, Kröten, Affen oder Hunde sind die häufigsten Erscheinungsformen jener Dämonen, die Hexen bei ihren Ritualen assistieren.

V. 11 ***Schön ist abscheulich und abscheulich ist schön*****:** Mit dem Paradox *fair is foul* wird das die ganze Tragödie durchziehende Thema von der Umkehr von Gut und Böse formuliert.

Szene 2

V. 9 ***Macdonwald*****:** ein Schotte, der auf der Seite der Norweger kämpft.

V. 11 f. ***hat von den westlichen Inseln eine Verstärkung von Kernern und Galloglassen erhalten*****:** Macdonwald wird von leicht bewaffneten irischen Fußsoldaten (Kerner) und schwer bewaffneten Soldaten der Inseln westlich von Schottland, i. e. der Hebriden und Irland (Galloglassen), unterstützt.

12 Vgl. Shakespeare, William: *Macbeth*. Englisch und Deutsch. Übersetzt und herausgegeben von Barbara Rojahn-Deyk. Stuttgart: Philipp Reclam jun., 1996. (Reclam-Universalbibliothek Nr. 9870)

V. 22 f. *bis er ihn vom Nabel bis zu den Kinnladen auseinander getrennt und seinen Kopf auf unsere Zinnen geheftet hatte*:	Besiegte Rebellen wurden geköpft und ihre Köpfe wurden zur Warnung auf den Mauern eines Schlosses zur Schau gestellt.
V. 24 *kühner Vetter*:	Macbeth und Duncan waren beide Enkel König Malcoms.
V. 40 f. *ein zweites Golgatha zu verewigen*:	Golgatha ist der Ort, an dem Jesus gekreuzigt wurde.
V. 50 *wo die norwegischen Banner den Himmel verhöhnen*:	Der Anblick der norwegischen Fahnen erfüllt die Schotten mit Furcht. Dies war die Situation, bevor Macbeth in die Schlacht eingriff.
V. 55 *Bellona's Bräutigam*:	Bellona ist die römische Göttin des Krieges. Macbeth wird hier als der ihr frisch angetraute Ehemann bezeichnet, i. e. als ein tapferer Soldat.
V. 63 *Saint Colme's Inch*:	Inchcolm ist eine kleine Insel in der Nähe von Edinburgh an der schottischen Küste. Der Name bedeutet ‚St. Columba's Island'.
V. 67: *mit seinem früheren Titel grüße Macbeth*:	Wenn ein Than starb, wurde sein Titel weitergegeben, oftmals, wenn

auch nicht in diesem Fall, an einen nahe stehenden Verwandten.

Szene 3

V. 7 *Tiger*:	Name des Schiffes.
V. 8 *in einem Sieb*:	Die Hexe plant in einem Sieb zu segeln, mit dem ein Mensch normalerweise untergehen würde.
V. 9 *wie eine Ratte ohne Schwanz*:	Hexen konnten sich in Tiere verwandeln, aber kein Teil ihres Körpers konnte ein Tierschwanz werden.
V. 10 *ich mach 's*:	Wie eine Ratte will die Hexe das Schiff anknabbern.
V. 20 *auf seinem überdachten Lid*:	Das Lid wird von der Augenbraue wie von einem Vordach beschirmt.
V. 35 *dreimal*:	Ungerade Zahlen, speziell die Drei und die Neun, galten als magisch.
V. 71 *Sinels Tod*:	Sinel war der Name des vorherigen Thans von Cawdor.
V. 84 *Wahnsinnswurzel*:	Mit der Wurzel, deren Verzehr Wahnsinn hervorruft, kann Schierling, Bilsenkraut oder Nachtschatten gemeint sein.
V. 104 *Unterpfand*:	Der Titel des Thans von Cawdor ist eine Ehre, die lediglich als Belohnung gilt und weitere Ehren verspricht.

V. 124 ***die Instrumente der Finsternis*****:**	Gemeint sind die Hexen.
V. 135 ***deren grauses Bild*****:**	Gemeint ist die Möglichkeit des Mordes an König Duncan.
V. 141 ***dass Handeln in Einbildung erstickt wird und nichts ist, außer was nicht ist*****:**	Macbeth spricht von seinen Gedanken, die von nun an seine Kräfte und Handlungen bewegen.

Szene 4

V. 7 f ***Nichts in seinem Leben stand ihm so gut, wie es zu verlassen*****:**	Obwohl der Than von Cawdor ein Verräter war, ist er ehrenhaft gestorben. Hinweis auf das Leitmotiv der Umkehr aller Werte (*Schön ist abscheulich und abscheulich ist schön*).
V. 39 ***Prinz von Cumberland*****:**	Der designierte Nachfolger des schottischen Königs trug zu Lebzeiten des herrschenden Königs den Titel *Prince of Cumberland*, das Schottland zu der Zeit von England gepachtet hatte.

Szene 5

V. 1 ***Sie*****:**	Gemeint sind die Hexen.

V. 22–25 ***du möchtest (...) sollte ungetan bleiben*****:** Gemeint sind die Krone, die Macbeth erstrebt und der Mord, den zu begehen er fürchtet.

V. 38 f. ***Der Rabe selbst ist heiser (...)*****:** Ein geläufiger Aberglaube war es, dass man meinte, wenn ein Rabe auf einem Haus saß und krächzte, ständen Unheil und Tod bevor. Hier ist die Atmosphäre so voll von Tod, dass der Rabe vom Krächzen heiser ist.

V. 40 f. ***Kommt, ihr Geister (...)*****:** Lady Macbeth beschwört jene Dämonen, welch die Menschen zu Gotteslästerung, Mord oder anderen Grausamkeiten anstacheln.

V. 53 ***die Decke der Dunkelheit*****:** Gemeint ist die Nacht, deren Dunkelheit den Mord an Duncan verbergen soll. Lady Macbeth betet, dass der Himmel kein Licht in diese Dunkelheit bringen und die teuflische Tat enthüllen werde.

Szene 6

V. 2 ***(...) unseren milden Sinnen*****:** Luft macht sich unseren Sinnen angenehm und diese werden dadurch milde.

V. 3 *die Schwalbe*:	Gemeint ist die Hausschwalbe, die sich ihr Nest aus Schlamm und Stroh an den Außenmauern eines Hauses baut. In Vers 8 (*hängendes Bett, Wiege seiner Zeugung*) bezieht sich Banquo auf dieses Nest.
V. 19 ***bleiben wir Eure Eremiten***:	Wir werden wie Eremiten für euch beten.

Szene 7

V. 22 ***Cherubim des Himmels***:	Engelskind.
V. 28 ***den Raum***:	Der Raum, in dem das Mahl für Duncan zubereitet ist.
V. 42 ***den Schmuck des Lebens***:	Gemeint ist die Krone.
V. 44 ***wie die arme Katze im Sprichwort***:	Anspielung auf das Sprichwort, nach dem die Katze zwar Fische fangen, jedoch nicht ihre Pfoten nass machen möchte.

Akt II

Szene 1

V. 4 f. ***Im Himmel (...) aus***:	die Sterne scheinen nicht.
V. 6 ***Eine schwere Aufforderung (...)***:	zu schlafen.

V. 12 *Was, Sir!*: In der Dunkelheit, in der nur zwei Fackeln leuchten, erkennen Macbeth und Banquo einander nicht, bis sie anfangen zu sprechen.

V. 32 *möge sie die Glocke anschlagen*: Dies ist deutlich ein Signal, das Macbeth und seine Gattin zuvor vereinbart haben.

V. 42 *den Weg, den ich gerade gehen wollte*: zu Duncans Schlafkammer.

V. 49 *der einen Hälfte der Welt*: i. e., die Kontinente, in denen Nacht ist.

V. 51 *den verhängten Schlaf*: Schlaf wird hier als ‚verhängt' bezeichnet, da Betten allgemein von Vorhängen umhängt waren.

V. 55 *mit Tarquinius' schändenden Schritten*: Anspielung auf die römische Geschichte von der Schändung Lukretias durch König Sextus Tarquinius (Livius, I, 57–59), die Shakespeare auch in dem Gedicht *The Rape of Lucrece* bearbeitete.

Szene 2

V. 2 *Horch! – Still!*: Macbeth ist dabei, Duncan zu ermorden.

V. 9 *sie*: die Kammerdiener.

V. 11 *ihre Dolche*: Gemeint sind die Dolche der Kammerdiener, die Macbeth für

	den Mord benutzen sollte, so dass der Verdacht auf sie gelenkt werden würde.
V. 20 *trauriger Anblick*:	Seine Hände sind mit dem Blut Duncans beschmiert.
V. 35 *Macbeth mordet den Schlaf!*:	Da Macbeth Duncan im Schlaf und somit den Schlaf selbst ermordet hat, hört er eine ‚innere' Stimme, die ihm prophezeit, dass er nie wieder schlafen kann.
V. 46 *dieses schmutzige Zeugnis*:	Das Blut an seinen Händen, ein Beweis für den Mord.
V. 44 *einen gemalten Teufel*:	Anspielung auf ein Bild des Teufels, welches bei Theateraufführungen verwendet wurde.

Szene 3

V. 2 *den Schlüssel zu drehen*:	Da so viele Menschen in die Hölle kämen.
V. 4 *Beelzebubs Namen*:	Beelzebub ist ein Name für den Teufel.
V. 10 *der um Gottes willen Verrat genug beging*:	Zur Zeit Shakespeares wurde allgemein gefürchtet, dass der protestantische König James I. durch die römisch-katholische Kirche gestürzt werden würde. Der

Pförtner meint hier jemanden, der sein Land aufgrund seiner Religion verraten hat.

V. 19 f. *den Rosenpfad zum ewigen Freudenfeuer*: Gemeint ist der Pfad des Vergnügens, der nicht wie der tugendhafte Pfad in den Himmel, sondern in die Hölle führt.

V. 24 *bis zum zweiten Hahnenschrei*: Entspricht ungefähr drei Uhr morgens.

V. 71 *durch eine neue Gorgo*: Eines der drei weiblichen Ungeheuer mit Schlangenhaaren aus der griechischen Sage, deren Blick versteinerte. Medusa war ein anderes von ihnen.

V. 80 *solch eine schreckliche Trompete*: Lady Macbeth vergleicht die Glocke mit der Trompete, die als Signal auf dem Schlachtfeld verwendet wurde.

V. 120 *(...) wo unser Untergang, in einem Bohrloch versteckt (...)*: Wenn auch noch nicht offensichtlich, so ist ihr Leben dennoch in Gefahr.

V. 122 *unsere Tränen sind noch nicht gebraut*: Obwohl sie trauern, dürfen sie es an diesem Platz nicht zeigen, da hier jegliche offensichtliche Trauer falsch sein müsse.

V. 124 ***wenn wir unsere nackte Schwäche versteckt haben*****:** i. e. wenn wir Kleider tragen.

V. 137 f. ***(...) je näher im Blut, desto eher blutig*****:** Je näher man der ermordeten Person steht, desto eher ist das eigene Schicksal blutig (desto eher wird man selbst ermordet).

Szene 4

V. 7 ***erstickt dunkle Nacht die reisende Himmelsleuchte*****:** Die Sonne wird durch die Dunkelheit der Nacht erstickt (Stil, Bildebene).

V. 12 f. ***wurde ein Falke (...) getötet*****:** Die Falkenjagd war ein beliebter Sport in England. Die Falken wurden trainiert, in hohen Kreisen zu fliegen und von dem höchsten Punkt aus mit hoher Geschwindigkeit auf das gejagte Tier niederzuschießen. Hier wird jedoch der Falke durch eine ‚mäusejagende Eule' getötet, ein Symptom für das Chaos in Natur und Staat.

V. 29 ***die Mittel deines eigenen Lebens*****:** Rosse glaubt zunächst, dass der König durch seine zwei Söhne ermordet worden ist. Der König ist

	das Mittel ihres Lebens und ihr Ehrgeiz hat somit seinen eigenen Ursprung zerstört.
V. 31 *Scone*:	Scone war der Ort der Krönung schottischer Könige.
V. 33 *Colme-kill*:	Heute Iona, eine kleine Insel vor der Westküste Schottlands, die die historische Grabstätte der schottischen Könige war.
V. 36 *Fife*:	County von Schottland.

Akt III

Szene 1

V. 29 *unsere blutigen Vettern*:	Malcolm und Donalbain, die Macbeth durch rhetorisches Geschick mit der Bluttat in Verbindung bringt.
V. 56 *wie der des Mark Anton von Cäsar*:	Das Verhältnis zwischen Cäsar und Antonius wird teilweise im *Julius Caesar* behandelt.
V. 61 *Zepter*:	Wie die Krone ein symbolischer Gegenstand des Königs.
V. 67 *mein unsterbliches Juwel*:	Gemeint ist die Seele.
V. 68 *dem gemeinsamen Feind der Menschheit*:	Gemeint ist der Teufel.

V. 91 (94) *Katalog (Verzeichnis der Eigenschaften)*:	Ist eine Liste, in der die Eigenschaften und der Wert bestimmter Dinge oder Tiere angegeben ist.
V. 127 *Euer Feuer scheint durch Euch hindurch*:	Macbeth erkennt, dass die Mörder vertrauenswürdig sind und den Auftrag ausführen werden.

Szene 2

V. 13 *die Schlange aufgeschlitzt*:	Die Schlange ist eine Metapher für die Macbeth entgegenwirkenden Kräfte.
V. 33 *zu Visieren unserer Herzen*:	Gemeint sind *vizards*, dienten Soldaten im Mittelalter als Gesichtsschutz.
V. 53 *die schwarzen Täter der Nacht*:	Gemeint sind teuflische Wesen.

Szene 3

V. 18 *Wer hat das Licht ausgeschlagen?*:	Der dritte Mörder scheint über den Plan nicht genau informiert zu sein.

Szene 4

V. 44 *Der Tisch ist voll!*:	Macbeth sieht als Einziger den Geist Banquos und glaubt somit, der Tisch sei voll.
V. 80 *mit zwanzig tödlichen Mordwunden am Kopf*:	Eine der zwanzig Wunden hätte für den Mord ausgereicht.
V. 100 *der hyrkanische Tiger*:	Hyrkanien gehörte zu dem antiken Persischen Reich.

Szene 5

Diese Szene wurde wahrscheinlich nicht von Shakespeare geschrieben.

V. 11 *einen ungeratenen Sohn*:	Gemeint ist Macbeth.
V. 15 *Höhle des Acheron*:	Der griechische Fluss der Unterwelt.

Szene 6

V. 1 *Meine vorigen Worte*:	Lenox und der andere Lord haben bereits zuvor über die gegenwärtigen Ereignisse gesprochen.
V. 19 f. *einen Vater zu töten*:	Lenox glaubt, dass Macbeth Duncans Söhne töten und dieses mit der Strafe für ihren angeblichen Vatermord begründen würde.

V. 27 *dem höchst frommen Edward*:	Gemeint ist Edward VI. von England.
V. 31 *Northumberland*:	Graf von Northumberland.

Akt VI

Szene 1

V. 1 *die gestreifte Katze*:	Jede Hexe hat einen besonderen Geist, der ihr gehorcht.
V. 28 *bei Mondfinsternis*:	Mondfinsternis wurde als Zeichen für bevorstehendes Unheil betrachtet.
V. 72 *Genug*:	Auf der Shakespeare-Bühne erschienen und versanken Geister durch eine Falltür im Bühnenboden.
V. 93 f. *bis der große Wald von Birnam (...)*:	Birnam und Dunsinane befinden sich in einem Abstand von ungefähr 20 km in der Nähe von Perth in Schottland.
V. 112 f. *Du bist Banquos Geist zu ähnlich (...)*:	Die letzte der drei Erscheinungen zeigt Banquos königliche Nachkommenschaft. Es wird generell vermutet, dass es sich hierbei um eine Anspielung auf das Königshaus der Stuarts handelt. James I., VI. von Schottland, war zur Entstehungszeit des *Macbeth* Kö-

	nig von England und leitete die Stuart-Ära ein.
V. 121 *dreifache Zepter*:	Stehen wahrscheinlich für England, Schottland und Irland.

Szene 2

V. 28 *es wäre meine Entwürdigung und Euer Unbehagen*:	Rosse ist von Lady Macduffs Verhalten so bewegt, dass er fürchtet, weinen zu müssen.

Szene 3

V. 22 *Engel sind noch immer strahlend, obgleich der lichteste fiel*:	Gemeint ist der Teufel.
V. 39 *unter dem Joch*:	Das Joch gilt als Symbol der Unterdrückung.
V. 98 *die süße Milch der Eintracht*:	Milch ist eine Metapher für Frieden.
V. 88 f. *alle Einigkeit auf Erden zerstören*:	Und somit universelles Chaos hervorzurufen.

Akt V

Szene 1

V. 33 *Eins, zwei*:	Anspielung auf das Mordsignal (II, 1, V. 62).

V. 35 *Pfui, mein Gebieter, pfui! (…)*:	In ihrem Wahn spricht Lady Macbeth nun zu Macbeth.
V. 40 *Der Than von Fife hatte eine Frau*:	Gemeint ist Lady Macduff. In ihrem Wahnsinn enthüllt Lady Macbeth ihre Schuld.

Szene 2

Trommeln und Fahnen:	Signale für den Angriff der Armee.

Szene 3

V. 8 *die englischen Epikureer*:	Epikureer waren ursprünglich Anhänger des griechischen Philosophen Epikur (341–271 v. Chr.). Seit der römischen Zeit werden Sinnesmenschen so genannt. Die Schotten spielen hier auf die Engländer an.
V. 20 *Seyton*:	Macbeth ruft einen vertrauenswürdigeren Diener.
V. 51 *das Wasser meines Landes untersuchen*:	Schottland wird hier metaphorisch als kranker Mann dargestellt. Dies ist auf den ideologischen Hintergrund, den Zusammenhang von Mikro- und Makrokosmos, zurückzuführen.
V. 54 *Zieht es aus (…)*:	Gemeint ist ein Teil der Rüstung.

Szene 5

V. 32 *Als ich Wache auf dem Hügel stand*: Der Hügel müsste sich innerhalb der Schlossmauer befinden.

Szene 7

V. 1 *Sie haben mich an einen Pflock gebunden*: Macbeth vergleicht sich selbst mit einem an einen Pfosten gebundenen Bären im Bärenkampf, einem populären Spektakel zur Shakespeare-Zeit.

Szene 8

V. 1 *den römischen Narren*: Wie beispielsweise Brutus oder Antonius, die sich mit ihren eigenen Schwertern getötet haben.

Vokabeln zur Interpretation von *Macbeth* (Englisch – Deutsch)

Theme	Thema
The tragedy of *Macbeth* concerns a great person – the hero – who through some weakness of character falls from grace, endures intense sufferings and who inevitably dies.	Die Tragödie *Macbeth* handelt von einer großen Person – dem Helden –, die durch eine bestimmte charakterliche Schwäche von ihrer Gnadenposition fällt, starke Leiden erträgt und deren Tod unvermeidlich ist.

The hero's weakness is ambition.	Die Schwäche des Helden ist Ehrgeiz.
The play presents the rise of Macbeth to power and the fall.	Das Drama präsentiert den Aufstieg Macbeths zur Macht und seinen Fall.
Major themes of the play are ambition, courage, appearance and reality, order and disorder, fear, evil, tyranny, guilt and conscience, isolation and despair.	Hauptthemen des Stückes sind Ehrgeiz, Mut, Schein und Sein, Ordnung und Unordnung, Angst, das Böse, Tyrannei, Schuld und Gewissen, Isolation und Verzweiflung.
The play explores the issue of kingship and loyalty.	Das Drama untersucht das Wesen des Königtums und der Treue.
Macbeth deals with questions of the role of the monarch and the duties of his subjects towards him.	*Macbeth* handelt von Fragen über die Rolle des Monarchen und über die ihm zu erweisenden Pflichten seiner Untertanen.
Another main theme of *Macbeth* is the destruction and re-establishment of the natural order.	Ein weiteres Hauptthema des *Macbeth* ist die Zerstörung und Wiederherstellung der natürlichen Ordnung.
Evil is presented in form of human guilt and conscience.	Das Böse wird in der Form von menschlicher Schuld und Sühne dargestellt.
The supernatural, and witchcraft in particular, are thematically important.	Das Übernatürliche, insbesondere die Hexerei, ist thematisch wichtig.

Form/Structure	Form/Aufbau
Macbeth is composed of five acts each of them having a certain function.	*Macbeth* besteht aus fünf Akten, von denen jeder einzelne eine bestimmte Funktion hat.
Act I serves as exposition, Act II and III present the rising action.	Akt I dient zur Exposition, Akt II und III stellen die steigende Handlung dar.
The crisis in III, 3 forms the turning-point of the action which falls again.	Die Krisis in III, 3 markiert den Wendepunkt der Handlung, die wieder fällt.
Act V presents the final catastrophe and the conclusion of the play.	Akt V präsentiert die finale Katastrophe und das Ende des Dramas.
There's just one plot in *Macbeth*.	Im *Macbeth* gibt es nur einen Handlungsstrang.
As a tragedy in the Elizabethan sense the play should both teach and delight.	Als Tragödie im Elisabethanischen Sinne soll das Drama sowohl lehren als auch unterhalten.
What Macbeth does in the first half of the play returns to haunt him afterwards.	Das, was Macbeth in der ersten Hälfte des Stückes tut, kehrt anschließend zurück, um ihn zu jagen.
Characters	**Charakteristiken**
The characters represent Elizabethan hierarchical society in its leading members.	Die Figuren repräsentieren die Elisabethanische hierarchisch gegliederte Gesellschaft in ihren führenden Mitgliedern.

Macbeth is a complex character.	Macbeth ist ein komplexer Charakter.
A main characteristic of Macbeth is his strong imagination which contradicts to his ambition.	Ein wesentliches Merkmal Macbeths ist seine Einbildungskraft, die seinem Ehrgeiz widerspricht.
Although Macbeth's conscience is strong he is too easily influenced in the direction he secretly desires to go.	Obwohl Macbeth ein ausgeprägtes Gewissen hat, ist er zu leicht zur Erfüllung seiner geheimen Wünsche zu bewegen.
Macbeth is tempted to do evil and Lady Macbeth is his human agent.	Macbeth wird dazu verführt, Böses zu tun, und Lady Macbeth ist seine menschliche Gehilfin.
Macbeth trusts his wife whose temptation is complete.	Macbeth vertraut seiner Frau, deren Versuchung nicht zu entkommen ist.
In the end Lady Macbeth is completely isolated.	Am Ende ist Lady Macbeth vollständig isoliert.
Lady Macbeth can be interpreted as a personification of evil.	Lady Macbeth kann man als das personifizierte Böse interpretieren.
Banquo's reaction to the witches' prophecies contradicts to the one of Macbeth.	Banquos Reaktion auf die Prophezeiungen der Hexen widerspricht der von Macbeth.
Contrary to Macbeth Banquo is a honourable and loyal character.	Im Gegensatz zu Macbeth ist Banquo ein ehrenhafter und treuer Charakter.

The contrast between Banquo and Macbeth is thematically essential to the exploration of the idea of evil, temptation and free will.	Der Kontrast zwischen Banquo und Macbeth ist thematisch bedeutsam für die Entwicklung des Konzeptes des Bösen, der Versuchung und des freien Willens.
Duncan represents the God-given order.	Duncan repräsentiert die von Gott gegebene Ordnung.
Duncan's influence pervades the play since he sets the standards for what a king should be.	Duncans Einfluss durchzieht das Stück, da er den Standard für den idealen König setzt.
Duncan is generous to his noblemen.	Duncans ist seinen Untertanen gegenüber großzügig.
Duncan represents the royal virtues Macbeth lacks.	Duncan repräsentiert die königlichen Tugenden, die Macbeth fehlen.
Duncan's successor Malcolm re-establishes justice and order.	Duncans Nachfolger Malcolm stellt Gerechtigkeit und Ordnung wieder her.
It is Macduff who discovers Duncan's murdered body.	Es ist Macduff, der den ermordeten Körper Duncans entdeckt.
Macduff avenges the murder of his family and kills Macbeth in a final duel.	Macduff rächt den Mord an seiner Familie und tötet Macbeth in einem finalen Zweikampf.
Style/Language	**Stil/Sprache**
Shakespearean drama is rhetoric drama.	Shakespeare'sches Drama ist Sprachdrama.

Most of the play is written in blank verse.	Der größte Teil des Dramas ist im Blankvers verfasst.
Blank verse can be used in the form of simple statement, in skilful dialectic between characters or in impassioned soliloquies.	Blankvers kann in einfachen Aussagen, künstlerischen Kontroversen zwischen Figuren oder in Selbstgesprächen verwendet werden.
Prose is used in several scenes.	Prosa wird in vielen Szenen verwendet.
Dramatic irony and the use of antithesis are important stylistic devices.	Wichtige Stilmittel sind dramatische Ironie und Antithetik.
Macbeth is rich in imagery.	*Macbeth* ist reich an Metaphorik.
Vivid words and phrases conjure up emotionally charged mental pictures and carry powerful significance, far deeper than their surface meanings.	Lebhafte Wörter und Phrasen erzeugen emotional aufgeheizte Gedankenbilder und sind von hoher Bedeutung, die weit hinter die oberflächlichen Aussagen reicht.
Central motifs are theatre and acting, clothes and appearance versus reality.	Zentrale Motive sind Theater und Schauspielerei, Kleidung und Schein vs. Sein.
A basic stylistic device are personifications of motifs such as sleep, death, ambition, murder, evil, honour, fate or conscience.	Ein wichtiges Stilmittel sind Personifikationen von Motiven wie Schlaf, Tod, Ehrgeiz, Mord, dem Bösen, Ehre, Schicksal oder Gewissen.

2.6 Stil und Sprache

Shakespeares Dramen sind in erster Linie **Sprachdramen**, in denen die Sprache die Bewegung liefert und Figuren fast nur Sprecher sind und ihre Position nicht verändern. Durch Sprache wird zum einen der Handlungsverlauf vermittelt (Dialog, Brief, Boten) und zum anderen werden Signale über die mentale Verfassung der Figuren (Monolog, *aside*) sowie über Ort und Zeit des Geschehens (abgesehen von Bühnenrequisiten wie Fackeln oder Kleidung) gegeben. Der recht spärliche Nebentext gibt hauptsächlich über das Auf- und Abtreten der Figuren Auskunft, hin und wieder sind Ortsangaben zu finden. Ein weiteres Merkmal der dramatischen Sprache Shakespeares ist die **Versform**, der **Blankvers**. Als metrische Grundlage des *Macbeth* gestaltet sich der Blankvers jedoch nicht durchgehend regelmäßig als reimloser fünfhebiger Jambus mit männlichem oder weiblichem Verschluss (Vgl. *„So foul and fair a day I have not seen."* I, 3, V. 38, S. 18). Um der Monotonie eines durchgehend jambischen Textes entgegenwirken zu können, tritt das metrische Muster häufig variiert auf (Vgl. *„Fair is foul and foul is fair"* I, 1, V. 11, S. 10). Oft erscheint es aufgelöst, und es überwiegen Enjambements, so dass Sinnabschnitte nicht mehr mit den Zeilenenden zusammenfallen, Senkungen und Hebungen werden vertauscht (Vgl. I, 3, V. 39 f., S. 18). Als **sprachliche Norm des Elisabethanischen Dramas** kennzeichnet der Blankvers im Allgemeinen Figuren von höherem Stand und Bildung. Dementsprechend wird die **Prosa-**

Als Sprachdrama ist Sprache das zentrale Medium zur Vermittlung des Handlungsverlaufs und der Darstellung der Charaktere.

Variation des Blankverses

Unterschiedliche Funktionen von Vers- und Prosasprache

sprache Figuren von niederem Stand zugeordnet, beispielsweise dem betrunkenen Pförtner (II, 3), den Mördern (III, 1) und Lady Macbeths Schlafwandelmonolog (V, 1). Prosa kann jedoch auch ein **Signal** dafür sein, dass Personen von höherem Stand **inoffiziell** miteinander kommunizieren, wie es beispielsweise der Brief Macbeths an seine Gattin verdeutlicht (I, 5).
Den solistischen Sprechformen wie **Monolog** und *aside* (Beiseitesprechen) kommt neben dem Darbieten **rhetorischer Kunstfertigkeit** hauptsächlich die Funktion der detaillierten **Charakterdarstellung** zu. Bei einem Monolog befindet sich der Sprecher allein auf der Bühne, um seine geheimen Gedanken abzuwägen und Handlungsstrategien zu erörtern, welche die anderen Figuren nicht kennen dürfen. Dieses geschieht auch beim *aside*, einer Redekonvention, bei der eine Figur im Beisein anderer etwas sagt, was diese nicht hören sollen. Als Beispiele einer **typischen Monolog-/*aside*struktur** dient der Aufbau der drei zentralen Solostellen Macbeths im ersten Akt (**I, 3**, V. 127–142, S. 25; **I, 4**, V. 48–54, S. 29; **I, 7**, V. 1–28, S. 39). Alle drei Selbstgespräche haben die Funktion, das Geschehene hinsichtlich des zu Geschehenden (Mord) zu erörtern. Kennzeichnend hierbei ist das **antithetische Sprechen**, das gleichmäßige Abwägen von These und Antithese („(…) wenn böse (…) wenn gut (…)", V. 132 ff., S. 25; „(…) eine Stufe, über die ich fallen oder die ich überspringen muss", V. 48 f., S. 29; „Wenn es damit getan wäre, wenn es getan ist, dann wäre es gut, es würde schnell getan (…). Aber in diesen Fällen empfangen wir das Urteil noch hier; dass wir nur blutige Lehren erteilen, die, wenn sie erteilt worden sind, zurückkehren, um den Urheber zu plagen (…)", V. 1 ff., S. 39). In allen drei Passagen sucht Macbeth eine Entscheidung zu treffen. Sein emotionaler Zustand wird während dieser Überlegungen je-

doch durch die Akkumulation von Bildern und Überlegungen stark aufgewühlt. Seine Imaginationsfähigkeit löst eine Reihe Assoziationsketten über mögliche Folgen aus, die eine Handlungsentscheidung verhindern („(...) nichts ist, außer was nicht ist", V. 142, S. 25; „(...) lasst das geschehen (...)", V. 52, S. 29; „(...) dass seine Tugenden wie Engel (...) und Mitleid, wie ein nacktes, neugeborenes Kind (...), dass Tränen den Wind ertränken werden. Ich habe keinen Sporn, um ihn in die Flanken meiner Absicht zu stoßen (...)", V. 25 f., S. 39).

Dramatische Ironie/Leitmotiv *Schein vs. Sein*

Ein **zentrales gestalterisches Mittel** des *Macbeth* ist die dramatische Ironie (*dramatic irony*), die dann vorliegt, wenn eine Figur etwas sagt, von dessen tieferer Bedeutung sie selbst nichts ahnt, dafür jedoch das Publikum. Im *Macbeth* wird die dramatische Ironie zum Mittel, die teuflischen, wertumkehrenden Einflüsse der Hexen darzustellen und wird deshalb bereits in der ersten Szene durch das **mottohafte antithetische Sprechen** der Hexen eingeführt: „Schön ist abscheulich und abscheulich ist schön" (I, 1, V. 4, 11, S. 11). Diesem **Leitmotiv** von ***Schein vs. Sein*** entsprechend ist **alles anders, als es erscheint**. Als Beispiel hierfür dient zunächst Akt 1, Szene 4, als König Duncan nach dem Verrat des nur scheinbar vertrauenswürdigen Edelmannes Cawdor feststellt: „Keine Kunstfertigkeit hilft, um die Deutung der Seele im Gesicht zu finden. Er war ein Edelmann, auf den ich absolutes Vertrauen setzte – " (V. 11 ff., S. 27). Diese Aussage Duncans ist voll dramatischer Ironie, da der neue Than von Cawdor („Was er verloren hat, hat der edle Macbeth gewonnen", I, 2, V. 69, S. 15) ihn noch

Dramatische Ironie als Mittel zur Darstellung der wertumkehrenden Einflüsse.

schlimmer hintergehen wird als der alte. Duncan ist sich der tragischen Bedeutung seiner Worte nicht bewusst, während das Publikum bereits seit der vorangehenden Szene weiß, dass Macbeth Mordgedanken hegt (I, 3, V. 139, S. 25) und durch Duncans Aussage tiefer in das Geschehen hineingezogen wird (***emotional impact***). Auch Akt I, Szene 6 ist voll dramatischer Ironie. Duncan erreicht mit seinem Gefolge das Schloss Macbeths. Während innerhalb des Schlosses seine Ermordung vorbereitet wird, empfindet Duncan das Schloss als äußerst angenehm situiert und beschreibt es metaphorisch als Brutstätte des Friedens. **Erneut ergibt sich die Tragik aus dem Wissen des Publikums und dem Unwissen der Figur** Duncan. Duncans Beschreibung der friedlichen Atmosphäre und Lady Macbeths heuchlerisch-freundliche Begrüßung der Gäste stehen in deutlichem Widerspruch zu den aus den vorigen Szenen hervorgegangenen teuflischen Intentionen der Macbeths, ***Schein* ist nicht *Sein***. Nicht nur die ‚guten' Charaktere sind Opfer der dramatischen Ironie der Ereignisse. Auch die ‚Bösen', welche alle Werte umkehren wollen, sind durch die **finale Rückumkehrung** der Begebenheiten davon betroffen. Lady Macbeth rät ihrem Gatten beispielsweise kurz nach dem Mord an Duncan, dass ein wenig Wasser sie von der Tat reinigen würde (II, 2, V. 66, S. 53). Zuletzt ist es jedoch sie selbst, die dem Wahnsinn verfällt und im Schlaf erfolglos die Hände von dem imaginären Blut des Königs zu reinigen versucht.

Mittels dramatischer Ironie wird der Zuschauer intensiver in das Geschehen involviert.

Die wohl auffälligste Szene voll dramatischer Ironie ist die so genannte **Pförtnerszene** (II, 3), die sich genau zwischen dem Grauen der Mordszene und dem spannungsreichen Entdecken des Mordes befindet. Die Funktion dieser Szene ist die des ***comic relief***, der Affektentladung des Publikums durch Lachen. Während der betrunkene Pförtner sich auf den Weg macht, das Tor für den Klopfenden zu öffnen, macht er **in prosaischer Umgangssprache** eine Reihe von Witzen über Trinken, Urin und Unzucht, die zweifellos dem Unterhaltungswert des Dramas dienen. Des Weiteren spielt er auf bestimmte gesellschaftliche Ereignisse an, die den Elisabethanischen Zuschauern bekannt waren und deren Witz für ein gegenwärtiges Publikum schwer nachzuvollziehen ist. Die auf das Stück bezogene dramatische Ironie ist jedoch zeitlos und stellt einen **sinnvollen Kommentar zum Bühnengeschehen** dar. Der Pförtner betrachtet sich als Pförtner des Höllentors, ohne zu wissen, dass dieses durch die teuflischen Schlossbesitzer und dem soeben begangenen höllischen Mord tatsächlich so ist.

Pförtnerszene dient hauptsächlich zur Affektentladung.

Weitere wichtige Textstellen, die durch dramatische Ironie oder das Leitmotiv *Schein vs. Sein* gekennzeichnet sind, werden in der folgenden Übersicht aufgelistet:

Dramatische Ironie	*I, 3, V. 39, S. 19* (Macbeth: „Einen so abscheulichen und zugleich schönen Tag habe ich noch nicht gesehen.“); ***I, 4,*** *V. 23–27, S. 27 f.* (Macbeth benennt die für den Erhalt von Ordnung notwendigen Pflichten, wird sie jedoch brechen.); ***I, 4,*** *V. 27–28, S. 29*; ***III, 2,*** *V. 30–34, S. 83*; ***III, 5,*** *V. 3 f., S. 99* (Die Hexen lassen Macbeth falsche Sicherheit empfinden.); ***IV, 1,*** *V. 80–82, S. 109* (Erscheinung und Reaktion); ***IV, 1,*** *V. 90–96, S. 111* (Erscheinung und Reaktion).

Leitmotiv *Schein* vs. *Sein* (antithetisches Sprechen)	***I, 3,*** *V. 65–67, S. 21;* ***I, 3*** *V. 141–142, S. 25;* ***I, 4,*** *V. 7 f., S. 27;* ***I, 5,*** *V. 21, S. 31;* ***I, 5,*** *V. 50 f., S. 33;* ***I, 5,*** *V. 72–73, S. 35;* ***I, 7,*** *V. 1–25, S. 39;* ***I, 7,*** *V. 82, S. 43;* ***II, 1,*** *V. 26, S. 47;* ***II, 1,*** *V. 33–61, S. 47 f.* (Dolchvision); ***II, 3,*** *V. 82 f., S. 61;* ***II, 4,*** *V. 134–135, S. 65;* ***III, 1,*** *V. 47, S. 73;* ***III, 1,*** *V. 131, S. 79;* ***III, 2,*** *V. 30–34, S. 83;* ***III, 4,*** *V. 4, S. 87;* ***IV, 3,*** *V. 19, S. 123;* ***V, 2,*** *V. 19, S. 145;* ***V, 5,*** *V. 43, S. 155;* ***V, 6,*** *V. 1–2, S. 157.*

Metaphorik

Metaphorik gibt Einblick in Elisabethanische Vorstellungen.

Ein bedeutendes Charakteristikum des *Macbeth* ist die **Bildersprache**, die häufige Verwendung von **Metaphern**, **Vergleichen** und **Gleichnissen**, welche die verschiedenen Seinsbereiche des Elisabethanischen Weltverständnisses miteinander verknüpft und somit neben ihrem künstlerischen Wert auch Aufschluss über zeitgenössische Vorstellungen gibt. Die wichtigsten, im Verlauf des Dramas **leitmotivisch wiederkehrenden Metaphern** sollen in der folgenden **Übersicht** benannt und erläutert werden.

Motiv	Bedeutung	Textstelle
Theater und Schauspielerei	Im *Macbeth* finden sich viele meta-theatralische Metaphern, welche beim Theaterspielen das Theaterspiel selbst thematisieren. Als eine von vielen Vorstellungen lässt sich im *Macbeth* deutlich die des ‚Lebens als Schauspiel' und des ‚Menschen als Schauspieler auf der Bühne des Lebens' erkennen.	***I, 3,*** *V. 127–142, S. 25* (Die Titel Glamis und Cawdor werden von Macbeth als Prologe zu dem königlichen Hauptthema des Stückes bezeichnet.) ***II, 4,*** *V. 5–6, S. 67* ***V, 5,*** *V. 19–28, S. 155* (Macbeths bekannter Monolog über die Absurdität des Lebens.) ***V, 8,*** *V. 1, S. 161.*
Kleidung	Als Statussymbol symbolisiert Kleidung die Ehre, welche dem Tragenden zuteil geworden ist.	***I, 3,*** *V. 109, S. 23* (Die Bezeichnung „geborgte Gewänder" symbolisiert, dass Macbeth die Ehre der Titel nicht rechtmäßig zukommt.) ***I, 3,*** *V. 145 f., S. 25* ***I, 7,*** *V. 32–36, S. 41* ***II, 4,*** *V. 38, S. 69* ***V, 2,*** *V. 15–16, S. 145* ***V, 4,*** *V. 15, S. 153.*
Dunkelheit/ Helligkeit	Dunkelheit symbolisiert die bösen Mächte und teuflischen Taten im Kontrast zur Helligkeit, dem rechtmäßigen Guten.	***I, 3,*** *V. 124, S. 23* ***I, 4,*** *V. 41, S. 29* ***I, 4,*** *V. 50 f., S. 29* ***I, 5,*** *V. 50 f., S. 33* ***II, 2,*** *V. 36, S. 51* ***II, 4,*** *V. 5 f., S. 67 (...).*

Tiere	Die vielen Anspielungen auf Relationen im Tierreich spiegeln zum einen die ideologischen Korrespondenzen wider. Zum anderen dienen sie oft dazu, die beängstigende, ‚bestialische' Atmosphäre zu gestalten.	*I, 7, V. 48 f., S. 41* *II, 1, V. 53, S. 47* *II, 3, V. 58, S. 59* *II, 4, V. 11 f., S. 67* *III, 1, V. 91–107, S. 77 („Verzeichnis der Eigenschaften")* *III, 2, V. 13 f., S. 81 (...).*
Krankheit, Blut	Durch Macbeths Bluttat ist Schottland „erkrankt". Macbeth hält seine Herrschaft nur durch Gewalt und zahlreiche Morde. Die Krankheits- und Blutmetaphorik ist an zahlreichen Stellen im Text zu finden.	*I, 5, V. 47 f., S. 33* *II, 1, V. 45, S. 47* *II, 2, 45 f., S. 53* (Mordszene) *II, 3, V. 96, S. 61* *III, 4, V. 74 f., S. 93* *III, 4, V. 121 f., S. 95* *V, 2, V. 27 f., S. 145* *V, 3, V. 47 f., S. 149* *(...).*
Personifikation der Leitthemen: *Schlaf, Tod, Ehrgeiz, das Böse, Ehre* und *Tapferkeit, Loyalität, Schicksal, Schuld* und *Sühne*	Die Personifikation der Leitthemen ist ein zentrales Mittel der Bildersprache Elisabethanischen Dramas. Durch diese lässt sich die Vorstellung der göttlichen Ordnung erkennen.	*I, 2, V. 19, S. 13* *I, 2, V. 55, S. 15* *I, 3, V. 32, S. 19* (Die Hexen werden als „Schicksalsschwestern" bezeichnet.) *I, 7, V. 16 f., S. 39* *I, 7, V. 35, S. 41* *II, 1, V. 52, S. 47* *II, 2, V. 34 f., S. 51* *II, 3, V. 65, S. 59* *V, 2, V. 17 f., S. 145* *(...).*

2.7 Interpretationsansätze

1) Das Tragödienmodell des *Macbeth*

Zur Tragödienkonzeption des *Macbeth*

Ein wichtiger Interpretationsansatz ist die **Gattungszuordnung** des *Macbeth*. Ein solcher Ansatz macht eine genaue **Analyse des Verlaufsmusters** notwendig, wie es im Folgenden zusammengefasst wird:

„‚Macbeth' kann man noch am ehesten als mittlere, normale Tragödie ansprechen: ein Modell, das freilich nie kopiert oder abgewandelt wiederholt wird. Die Bühnengesellschaft ist eine klassische Herrschaftshierarchie. Die Handlung betrifft die Grundmotive der Geschichte: Königsmord, Usurpation, Befreiung des Landes. Der Stoff beansprucht, auch wenn er in Wirklichkeit legendär ist, jene Historizität, die für das exemplarische Drama angebracht ist. Die Thematik, das Verbrechen, das Böse schlechthin, ist weiter als in den anderen Stücken. Das Verlaufsmuster ist das des Weltbilddramas und der De-casibus-*Tragödie: ein voller Kreislauf Ordnung – Unordnung – Ordnung, zwei tragische Figuren – Duncan, dessen Fall Macbeths Aufstieg bedeutet, und der Usurpator Macbeth. Hauptmotiv des Handelns ist der Ehrgeiz, neben dem Stolz die Hauptsünde der schuldig vom Fall Ereilten. Ungewöhnlich und in der Tradition nicht vorgegeben ist die Deutlichkeit, mit der die Titelfigur zugleich Verbrecher und Held, Sympathieträger ist. Das staatlich-gesellschaftliche Geschehen ist dem privaten übergeordnet."*[13]

13 Suerbaum, S. 176.

2) Ehrgeiz und Machtgier als Handlungsmotivation

Macbeth werden Ehrgeiz und Machtgier zum Verhängnis.

Laut Elke Schartmann ist Macbeth **Opfer seines zügellosen Ehrgeizes**:

> *„Indem Macbeth versucht sich zu verwirklichen, König zu werden, zerstört er sich selbst. (...) Shakespeare [versuchte] nicht einfach einen Kriminellen, sondern einen psychologisch subtil geschilderten Außenseiter darzustellen (...). Etwaige Ansprüche Macbeths auf den Thron durch Geburt oder durch seine Frau bleiben unerwähnt. Dadurch wird sein Ehrgeiz wilder und unbegründeter, die Hexenprophezeiungen werden bemerkenswerter. Diese will er, wenn nötig, durch eigenes Eingreifen bestätigt sehen; sie tragen wesentlich zu seinem Untergang bei. (...) Sie sind es auch, die die Tragödie eröffnen. (...) Möglicherweise wird ihm letztlich sein Ehrgeiz zum Verhängnis."*[14]

Bei einer **Untersuchung der psychologischen Entwicklung des Protagonisten** hinsichtlich seiner Handlungsmotivation ist auch **Machtgier** ein zentraler Aspekt:

> *„Im ‚Macbeth' stellt das Begehren von Macht das zentrale Thema dar, manifestiert sich jedoch anders als in den Historien. Die Hexen besitzen geheimes Wissen über den Diskurs Zeit und die Königsherrschaft, das der von dieser Information ausgeschlossene Macbeth gleichfalls zu erlangen versucht. Mittels psychologischer Tiefenschärfe zeichnet Shakespeare Schritt für Schritt nach, wie Macbeth mit Gewalt danach strebt, sich dieses Wissen anzueignen, um Herrschaft über die Zeit und daraus resultierend über das schottische Königreich zu bekommen. So ist Macbeth nach der Begegnung mit den Hexen und der Bestätigung von deren Prophezeiung, dass er Thane of Cawdor wer-*

14 Schartmann, Elke: *Einsamkeit bei Shakespeare und in der Renaissance-Tradition*. Heidelberg: Carl Winter Universitätsverlag, 1990, S. 150–151.

de, bereits völlig von dem Gedanken eingenommen, König zu werden (...).“[15]

3) Tragische Zweideutigkeit im *Macbeth*

Die Zweideutigkeit der Ereignisse entspricht der Zweideutigkeit der Verhältnisse.

Der Pförtner im *Macbeth* spricht nicht nur zur bloßen Unterhaltung von ‚Wortverdrehern' und ‚doppelzüngigen Jesuiten', laut Graham Holderness spielt er hiermit insbesondere auf eine in ihren moralischen Wertvorstellungen und gesellschaftliche Konventionen äußerst widersprüchliche Gesellschaft an. So stelle *Macbeth* neben dem **Verstoß gegen gesellschaftliche Tabus** bewusst auch die **kriminalisierten Wünsche und verbotenen Freuden** dar, die mit einem solchen Verstoß verbunden seien. Nicht die simple Opposition von Gut und Böse bestimme den **ethischen Diskurs** des *Macbeth*, sondern ein **ambivalentes Verhältnis zu zeitgenössischen moralischen und politischen Wertvorstellungen**. So verleite das Drama den Zuschauer beispielsweise zu einer gewissen Sympathie für die Dinge, die es gleichzeitig anprangere, um die **Widersprüchlichkeit und die Doppelmoral der Gesellschaft** widerzuspiegeln:

„The fact that the Porter in ‚Macbeth' is a drunken clown should not disguise from us the significance of the words he uses. When he jokes about ‚equivocation' (II.3. 8–11) [Zweideutigkeit, ‚Doppelmoral'] – which means not simply lying, but affirming or swearing to the truth of two opposite or incompatible statements – he foreshadows his master's use of the term later in the play, when Macbeth begins:

---

15 Schamp, Jutta: *Repräsentation von Zeit bei Shakespeare. Richard II, Henry IV, Macbeth.* Tübingen: Gunter Narr Verlag, 1997, S. 298–299.

To doubt the equivocation of the fiend
That lies like truth[16]*. (V, 5, V. 42–44)*
‚Equivocation' links the play directly to the contemporary political world of its original genesis (...). In much critical discussion of the play its moral dimension is resolved into the transparent simplicity of a Morality-play battle between good and evil – an ethical discourse more appropriate to the latest Steven Spielberg movie or to the political world rhetoric of Ronald Reagan than to the sophisticated insights we have been taught to expect from a Shakespearean tragedy. I will argue on the contrary that the play equivocates with its morality as well as its politics: that its characteristic effect is to render historic what it criminalises, to lend glamour and excitement to the very things it warns against, and to induce a strange kind of respect in us for those impulses and actions we are told by the play's morality-fable to fear, reject and shun. (...) If the play's universe is presented not as a simple confrontation of oppositions like sovereignty and treason, legitimacy and rebellion, authority and subversion; but rather as the embodiment of a contradictory historical society which cherishes at its heart the violence and uncertainty which will eventually destroy it, then no simple pattern of moral antithesis will be effective in analysing the ethical structure of Macbeth. (...) What I have called the ‚equivocation' of ‚Macbeth' resides in its powerful realisation, not just of moral and social taboos, but of the criminalised desires and forbidden delights involved in breaking them: the play is, in Freud's terms, the return of everything civilised values are obliged to repress."[17]

---

16 „[Ich] beginne, die Zweideutigkeit des Teufels zu argwöhnen, der lügt, als wäre es Wahrheit" (V, 5, V. 42–44, S. 155).

17 Holderness, Graham: *‚Come in, equivocator': tragic ambivalence in* Macbeth. In: Cookson, Linda, Loughrey, Bryan (Hrsg.): *Critical Essays on* Macbeth. Burnt Mill, Harlow: Longman Group UK Limited 1988, S. 61–71.

3. Themen und Aufgaben

Die Lösungstipps beziehen sich auf die Kapitel der vorliegenden Erläuterung.

1) Thema: Zerstörung und Wiederherstellung von Ordnung	**Lösungstipps**
▶ Inwieweit sind die Hexen verantwortlich für Macbeths Fall?	*Siehe* 2.2, 2.4, 2.7(2)
▶ Erläutern Sie die Gestaltung des Hauptthemas der Zerstörung und Wiederherstellung der staatlichen Ordnung vor dem Hintergrund der Kompositionsstruktur.	*Siehe* 2.3(1), 2.4. 2.7(1)
▶ Untersuchen Sie den expositorischen ersten Akt unter besonderer Berücksichtigung der zeitlichen und räumlichen Entwicklung.	*Siehe* 2.3(1), 2.3(2)
▶ Analysieren Sie Macbeths Handlungsmotivation.	*Siehe* 2.4, 2.7(2)
▶ Vergleichen Sie Banquo und Macbeth.	*Siehe* 2.4
▶ Vergleichen Sie Duncan und Macbeth.	*Siehe* 2.4S
▶ Stellen Sie dar, wie und wodurch sich Macbeths Charakter im Laufe des Stückes verändert.	*Siehe* 2.2, 2.4
▶ Erläutern Sie Lady Macbeths Einfluss auf ihren Gatten und stellen Sie die Entwicklung dieser Beziehung dar.	*Siehe* 2.2, 2.4
▶ Welche Funktion hat die Pförtnerszene?	*Siehe* 2.3, 2.6

- Überlegen Sie, welche Wirkung die Pförtnerszene bei dem zeitgenössischen Publikum erzielt haben könnte, und beurteilen Sie anschließend die Wichtigkeit dieser Einlage. — *Siehe* 2.4, 2.6
- Wie spiegelt sich das Elisabethanische Weltbild in der Handlung und den Schilderungen der Figuren? — *Siehe* 1.2, 2.3
- Erläutern Sie die Bedeutung der letzten drei Prophezeiungen für den Ausgang der Handlung. — *Siehe* 2.3, 2.7(3)
- Erklären Sie das Konzept der dramatischen Ironie und untersuchen sie ihren Gebrauch im Verlauf des Dramas. — *Siehe* 2.6

2) Thema: Schein vs. Sein — **Lösungstipps**

- Wählen Sie ein Thema des *Macbeth* aus und erstellen Sie eine Liste der Handlungen, die dieses veranschaulichen. — *Siehe* 2.3, 2.6
- Diskutieren Sie über das Wesen und die Funktion der Hexen. — *Siehe* 2.2, 2.3
- Untersuchen Sie die Gestaltung des Leitmotivs *fair is foul and foul is fair* im Kontext des Dramas. — *Siehe* 2.6
- Analysieren sie die Monologe und *asides* des Protagonisten im Kontext des Dramas. — *Siehe* 2.6, 2.7(3)
- Vergleichen Sie die Prosapassagen mit dem Rest des Dramas. Inwiefern lässt sich jeweils der Gebrauch von Prosa deuten? — *Siehe* 2.6

- Wählen Sie eine Szene des *Macbeth*, in der Sie glauben, einen Wendepunkt zu entdecken. Beschreiben Sie die Bedeutung dieser Szene für das gesamte Drama. *Siehe* 2.3
- Welche Wirkung erzielt Lady Macbeth auf das Publikum? Erläutern Sie mögliche Reaktionen. *Siehe* 2.4

3) Thema: Tragik in *Macbeth*

- Inszenieren Sie eine eigene *Macbeth*-Produktion. Machen Sie sich in diesem Zusammenhang eine Liste über die Bühnengestaltung, Kleidung sowie charakterliche Besonderheiten der einzelnen Figuren.
- Ist Macbeth ein Tyrann oder einfach nur ein tragischer Held? Diskutieren Sie.
- Erläutern Sie den von Macbeth in einem Monolog zum Ausdruck gebrachten Absurditätsgedanken. Inwiefern und warum glaubt Macbeth, das Leben sei nichtssagend und ‚von einem Idioten erzählt'?

4. Rezeptionsgeschichte

Enorme Bühnen- und Lektürerezeption

Die *Macbeth*-Rezeption hat nicht so eine spektakuläre Wirkung erzielt wie Shakespeares *Hamlet*, dennoch ist der ***Macbeth* eine der meistgespielten und -rezipierten Tragödien** des großen britischen Dramatikers. Die *Macbeth*-Rezeption verlief, wie auch die Rezeption der anderen Dramen Shakespeares, in zwei separaten Traditionssträngen, dem der **Aufführung** und dem der **Lektüre**. In diesem Zusammenhang ist es wichtig, sich zu vergegenwärtigen, dass das Elisabethanische Drama in erster Linie Vortragsdrama war und somit neben der theatralischen Dimension auch die Textdimension ein zentrales Merkmal ist. Nach Shakespeares Tod stieg dann auch durch die erste Folioausgabe der gesammelten Werke Shakespeares (1623) die Bedeutung des Lesepublikums. Während der Zeit der Theaterschließung (ab 1642) war es lediglich möglich, Dramen zu lesen, und folglich teilten sich nach der Wiedereröffnung im Jahre 1660 die beiden Rezeptionsstränge[18].

Konstante Bühnenpräsenz

Bei einer Darstellung der *Macbeth*-Rezeption wird somit stets auf die Wirkung von Lektüreprozessen und theatralischen Erfahrungen der jeweiligen Rezipienten eingegangen, die bei einer Bewertung des Dramas oft miteinander verbunden sind.

Die **erste Meldung über eine Aufführung des *Macbeth* im Elisabethanischen England** wurde in einem Tagebucheintrag eines Theaterbesuchers namens Dr. Symon Forman gefunden, der den *Macbeth* am 20. April **1610** gesehen hatte. Den wirkungsvollsten Eindruck scheinen das Spiel Macbeths

18 Vgl. Suerbaum, S. 279–281.

und der Lady nach dem Mord gemacht zu haben.[19] Von diesem Zeitpunkt an verschwand der *Macbeth* nicht mehr von der Bühne. **Neben den Shakespeare'schen Inszenierungen** standen jedoch auch zunehmend **Umarbeitungen des Stoffes** im Zentrum der Diskussion. **William Davenant** brachte beispielsweise im Jahre **1665** eine Bearbeitung auf die Bühne, die von den einen als „opernhaftes Zauberwerk"[20] gefeiert und von den anderen als „englische Versimpelung" des *Macbeth* voller „Plattheiten" verpönt wurde. Diese **konträre Kritik war charakteristisch für die englische Rezeption des Shakespeare'schen *Macbeth* im 17. Jahrhundert**. Wie es Fritz Schulze beschreibt, wurden hauptsächlich die Hexenszenen und die Pförtnerszene kritisiert, sowie die

Konträre Reaktionen im 17. Jahrhundert

> *„(...) ungenügende moralische Fundierung des Tragischen. Die Hexenszenen deuteten für die Wortführer des klassizistischen Kunstprinzips auf barbarischen Aberglauben; die ordinären Worte des Pförtners zeigten befremdliches Gefallen am Gemeinen und Niederen; die vermiedene direkte moralische Begründung oder moralistische Orientierung gab alles dem Sensationellen und Kriminalpsychologischen preis".*[21]

Laut Schulze verkennt diese Auffassung jedoch

> *„(...) die unlösliche Verquickung und geradezu dialektische Kontradiktion von sittlichem Urteil und Naturinstinkt, von Bewusstheit und dunklem Trieb, von Ordnungsprinzip und dämonischem Chaos. Das Barbarische und Archaische gehört in allen*

---

19 Schumacher, Erich: *Shakespeares* Macbeth *auf der deutschen Bühne*. Emsdetten: Heinr. & j. Lechte Verlag, 1932, S. 1.

20 Ebd., S. 8.

21 Schulze, Fritz W.: *William Shakespeare: Macbeth. Dichtung und Wirklichkeit*. Frankfurt am Main: Ullstein, 1964, S. 133.

seinen Ausdrucksweisen in den Gestaltungsbereich von Kunst, als Unzüchtig-Unflätiges ebenso wie als Grausig-Monströses. Die dichterische Freiheit setzt sich ihre Grenzen nur aus sich."[22]

Internationale Lobpreisungen ab Mitte des 18. Jahrhunderts

Von der Mitte des 18. Jahrhunderts an wurde jedoch die „wilde Poesie"[23] Shakespeares **gepriesen** und das Werk des Dramatikers immer wieder zur **internationalen Literaturdiskussion** herangezogen. Unzählige Gelehrte, Schriftsteller und Philosophen, befassten sich mit dem Werk Shakespeares, wie es beispielsweise auch Schulze beschreibt:

„(...) der romantische Shakespeare-Kult war als Mittel der Rechtfertigung von jeweils eigenem Übermensch-Sein aufgebracht; es wirkte weit und führte zu verhängnisvollen Schlüssen. Der Romantiker S. T. Coleridge beobachtet an ‚Macbeth', dass Tragisches nicht nur dem Hohen entspringt, es kommt auch aus dem einfach Vehementen, dem Bedrängenden. Coleridge durchschaut ebenso sicher die Zwischenstellung der Hexen; sie seien ungeschlechtlich, weder Mensch noch Tier, weder Schicksalsweberinnen noch Halluzinationen. De Quincey pointiert mit Überzeugungskraft das im Mörder sich aufbäumende Grauen vor Tat und Opfer; er rechtfertigt das poetische Interesse am Mörder. Jameson behauptet, dass nur ein Weib zu solchem Begehrenkönnen befähigt sei, das Lady Macbeth durchpulst. (...) Montégut findet die interessante stammespsychologische Deutung des Helden und auch der Lady, die er der Klytämnestra oder Medea für ebenbürtig hält. (...) H. Bradley betont die Wechselseitigkeit von äußeren Mächten mit denen im Innern des Menschen; die dialektische Interaktion sei hier kompositorisch verwirklicht."[24]

22 Ebd.
23 Ebd.
24 Ebd., S. 134.

Begeisterung in Deutschland Ende des 18. Jahrhunderts

Die **erste deutsche, jedoch fehlerhafte Übersetzung des *Macbeth*** lieferte Christoph Martin **Wieland** im Jahre **1762**. Als begeisterter Shakespeare-Rezipient wollte Wieland Shakespeare „(...) den Deutschen so bekannt machen wie er ist."[25] **Mit seinem *Macbeth* habe sich Shakespeare laut Wieland in jedes Menschenherz eingegraben**:

> *„Shakespear, der alles was Natur ist, in jedem Falle, für jedes Geschlecht und Alter, für jeden Stand und Personal-Charakter, nach allen Verhältnissen und Bestimmungen, so rein, so stark, so vollständig fühlt und erkennt, sah und fühlte, dass dies so sein musste (...) sah seine Lady Macbeth da sie mit dem Dolch in der Hand vor den schlafenden König hintrat – fühlte was sie in diesem Augenblick fühlen musste – schriebs hin, und grub sich, ohne daran zu denken, mit diesem einzigen Zug auf ewig in jedes Menschenherz."*[26]

In den Jahren **1775–1782** übersetzte **J. J. Eschenburg**, ein Freund Lessings, den *Macbeth* auf der Grundlage der Wieland'schen Übersetzung. **Eschenburg** und **Lessing** verstanden die **Geister und übernatürlichen Wesen** bei Shakespeare **als ‚metaphorische Urkraft'** und auch Johann Gottfried **Herder** äußerte sich deutlich mit **enthusiastischem Lobpreis** über den *Macbeth* in seinem Shakespeare-Aufsatz:

> *„Welch ein Auftritt der Hexen bei Macbeth auf der Heide, unter Blitz und Donner! Nun der blutige Mann mit der Nachricht von Macbeths Thaten, und die Botschaft des Königs an ihn mit dem Than von Kawdor! Die Scene bricht wieder; die Heide! Der prophetische Gruß der Hexen, nun die Ankunft der königlichen Botschaft (...)! Lady Macbeth mit ihrem Briefe und ihrer Bewe-*

25 Zitiert nach: Suerbaum, S. 287.

26 Wieland, Christoph Martin: *Über eine Stelle in Shakespears Macbeth*. In: Schulze, S. 164.

gung unmittelbar vor der Ankunft des Königes! Der rüstig ankommende Macbeth, und nun der sanfte sichre König, der bei dem Einzuge in sein Haus des Todes noch zum letzten mal die freie Luft so schön findet! Die Lage dieses Mörderhauses so fühlbar preiset! – wer hat das Rührende dieser Scene nicht gefühlt, und wo in der Welt könnte sie geschehen, als wo sie geschieht? – Das Haus in unruhiger, gastlicher Zubereitung und Macbeth in Zubereitung zum Morde! Es wird tief in die Nacht! (...) Die Vision des Schattendolchs! Die Glocke! Er ist hin und mordet! Die Eule! Er hat gemordet, und sogleich kommt die grauenvolle Scene des Klopfens am Thor! (...) Die Begebenheit, die er [Shakespeare] vorstellt, ist Geschichte der Welt, und wer besitzt mehr Kraft als er, unsre Einbildung durch alle die Gegenden zu reißen, wo und wo sie nur allein, und wo sie am mächtigsten geschieht. (...) ich müsste alle, alle Scenen ausschreiben, um das idealisirte Lokal des unnennbaren Ganzen, der Schicksals-, Königsmords- und Zauberwelt zu nennen, die als Seele das Stück (...) belebt, Alles in der Seele zu einem schauderhaften, unzertrennlichen Ganzen zu machen – und doch würde ich mit Allem nichts sagen."[27]

Zahlreiche Deutungen und Bearbeitungen des *Macbeth* von deutschen Dichtern

Wie es sich an Herder zeigt, waren die **Stürmer und Dränger begeistert** von Shakespeares Tragödien, es gab **viele** weitere **Übersetzungen und Bearbeitungen** des *Macbeth*, die immer wieder **Bühnenerfolge** erzielten und neue **Diskussionen** entfachten. Eine weitere bedeutende Übersetzung des *Macbeth* war die von August Wilhelm Schlegel. Auch **Friedrich Schiller** beteiligte sich eifrig an der Diskussion um den *Macbeth*, so verwarf er beispielsweise eine erfolgreiche Version H. L. Wagners[28] und

27 Johann Gottfried Herder: *Shakespear*. In: Schulze, S. 164–166.
28 Vgl. Schulze, S. 135.

verfasste schließlich selbst eine *Macbeth*-Bearbeitung, die er im Jahre **1800 in Weimar** vorstellte. Schillers *Macbeth* stellte sich jedoch deutlich als **Moralisierung des Dramas** heraus, so schreibt Blinn beispielsweise:

„[Schillers] Änderungen, von denen sich einige auf die Gegebenheiten der Weimarer Bühne zurückführen lassen, (...) lassen ein Theaterstück entstehen, das im Großen und Ganzen als regelmäßig bezeichnet werden kann. Die Szenenwechsel sind vereinfacht, mehrere Nebenfiguren gestrichen, zeitbedingte Passagen, lokale und politische Anspielungen sind weggelassen. Die vielschichtigen, grotesk-volkstümlichen Ausführungen der Pförtnerszene wurden in ein ‚Morgenlied' des Pförtners umgewandelt, Handlung und Zeitablauf gestrafft und die sprachliche Einheit durch Übertragung auch der Prosastellen des Originals in Jamben hergestellt. (...) In Schillers Fassung dominiert der moralische Gedanke. Durch Sentenz und Parabel stellt er das Allgemeine über das Individuelle. Die Problematik von Schuld und Sühne verknüpft er mit dem antiken Schicksalsgedanken. (...) Mit seiner ‚Macbeth'-Bearbeitung löste er den ‚naiven' und ‚realistischen' Shakespeare aus seinem historischen und typologischen Zusammenhang und näherte ihn seiner ‚sentimentalischen' Darstellungsweise und seinem Formideal, das er in seinem eigenen Werk der klassischen Periode verfolgte, an."[29]

Ein Zeitgenosse Schillers, der Philosoph und Dichter **Friedrich Schlegel, lobt das ‚echt Tragische' und zugleich höchst Moderne des *Macbeth***:

„Beide [Macbeth und King Lear] sind zwar in Rücksicht der Behandlung ohne jenen zarten, süßen, romantischen Geist, jenes Tragische der Liebe, wie in ‚Romeo und Julie' und zum Teil auch im ‚Hamlet'. Aber sie sind so wunderbar geheimnisvoll, so

29 Blinn, S. 24–26.

tief allegorisch und naturbedeutend, dass sie in Rücksicht dieses unergründlichen, nie ganz zu enthüllenden Tiefsinns weit über alle anderen hervorragen. Und wenn diese Stücke sich etwas von dem Romantischen entfernen, so ist dieses Abweichen doch keine Rückkehr zu der alten Manier, die doch oft Ungeschicklichkeit verrät, dahingegen hier überall der vollendete Künstler sichtbar ist, der alles in seiner Gewalt hat. Was sie von allen anderen unterscheidet, ist die vorherrschende Tendenz zum Mythischen, Fabelhaften, was denn auch näher an das Allegorische grenzt. Überall sind Beziehungen auf die höheren Naturkräfte und das Eingreifen dieser in die menschlichen Schicksale sichtbar. So ist im ‚Macbeth' gar die Geisterwelt mit in das Trauerspiel verflochten (...). Es gibt gar keine Tragödie, die so der Kraft und Würde der Alten sich nähert, so im Geiste der Griechen echt tragisch und auf der anderen Seite zugleich so modern ist, wie ‚Macbeth'."[30]

Shakespeare als ‚dritter deutscher Klassiker'

Die Diskussion um Shakespeare in Deutschland führte zur **Gründung der Deutschen Shakespeare-Gesellschaft** im Jahre **1864**, die fortan das Zentrum der deutschen Shakespeare-Rezeption war.[31]

Im Laufe der Geschichte gab es **unzählige weitere Übersetzungen und Bearbeitungen** des *Macbeth*, die die Diskussion um das Werk stets neu entfachten. Zu nennen sind für das **19. Jahrhundert** die Übertragung von **Heinrich Voß** im Jahre **1810** und die bis heute anerkannte Übersetzung von **Ludwig und Dorothea Tieck (1833)**. **Anfang des 20. Jahrhunderts** gab es weitere Übersetzungen, doch nach wie vor wurde **nie die perfekte Deckung mit dem Original** erreicht. Auch

30 Schlegel, Friedrich: *Geschichte der europäischen Literatur. Die altenglische Literatur.* In: Blinn (Hrsg.), S. 137–138.

31 Vgl. Suerbaum, S. 296.

Tonkünstler erschlossen Shakespeares *Macbeth*, zu erwähnen sind nicht nur die verschiedenen **Kompositionen von Begleitmusik**, wie beispielsweise die von I. F. Reichardt im Jahre 1787 oder von Ludwig Spohr im Jahre 1825. **Giuseppe Verdis** (1813–1901) **Oper *Macbeth*** hat sich bis heute als einzige *Macbeth*-Oper behauptet. Bereits im Jahre **1913** wurde *Macbeth* **in England verfilmt**, im Jahre 1922 in Deutschland. Zu den **bekanntesten Theaterproduktionen des 20. Jahrhunderts** zählen die des *Lafayette* Theaters, New York, unter der Regie von Orson Welles **(1936)**, die des *Shakespeare Memorial* Theaters, Stratford-upon-Avon, unter der Regie von Glen Byam Shaw mit Laurence Olivier als Macbeth **(1955)** und die des *Royal Shakespeare* Theaters, Stratford-upon-Avon, unter der Regie von Trevor Nunn **(1974)**. **Populäre Verfilmungen** sind die von **Roman Polanski (1971)** mit Jon Finch in der Hauptrolle und die BBC-TV/Time-Life Produktion unter der Regie von Shaun Sutton (1982).[32]

Zahlreiche Bearbeitungen in anderen Medien, insbesondere in Musik und Film

Bis heute sind immer wieder Motive und Momente aus Shakespeares Tragödie aufgegriffen und übertragen sowie Zitate in Buchtitel aufgenommen worden. Als Beispiel hierfür sei John Steinbecks (1902–1968) Roman mit dem Titel *The Moon is Down* angeführt. Auch die **Aufnahme des Stückes in den Literaturkanon** der Schulen zeigt die enorme Wirkung des *Macbeth* auf die verschiedenen Generationen. Durch die umfangreiche Geschichte der deutschen *Macbeth*-Bearbeitungen finden sich in der Gegenwart an deutschen Bühnen immer wieder **unterschiedliche Textgrundlagen**, seien es klassische oder moderne Übertragungen, während in England allgemein der Shakespeare'sche *Macbeth* gespielt wird. Die

32 Kliman, Bernice W.: *Shakespeare in Performance. Macbeth.* Manchester, New York: Manchester University Press, 1992, S. 150–153.

weit reichende Popularität des Dramas und die **epochenübergreifende Diskussion um das Werk** in verschiedensten Inszenierungen hat bereits **Goethe** erkannt, dessen Kommentar sich auch stellvertretend für die heutige Zeit anführen lässt:

> *„Wir guten Deutschen, wo ich mich wohl auch zu zählen habe, können seit fünfzig Jahren den unbezwinglichen Shakespeare nicht los werden. Nach unserer gründlichen Verfahrensweise suchen wir in seine Wesenheit einzudringen, wir gestehen gerne dem Stoff, den Gegenständen seiner Dichtung allen Werth und Gehalt zu, wir trachten, seine Behandlungsart zu entwickeln, ihrem Gange zu folgen, die Charaktere zu enthüllen, und scheinen mit aller Bemühung doch nicht zum Ziele zu gelangen.“*[33]

---

33 Johann Wolfgang von Goethe, zitiert nach: Blinn, Hansjürgen (Hrsg.): *Shakespeare-Rezeption. Die Diskussion um Shakespeare in Deutschland. II. Ausgewählte Texte von 1793 bis 1827.* Berlin: Erich Schmidt, 1988, S. 9.

5. Materialien

Bildmaterial zur Illustration des zeit- und theatergeschichtlichen Hintergrunds von *Macbeth*.

Aus Matthias Merians Ansicht von **London (1638).**
Blick von Süden (Theater der Bankside) auf City und Pauluskathedrale.[34]

34 Bild 1, 2, 3 und 4 stammen aus Suerbaum, S. 26, 27, 47 und 89.

Das *Swan*-Theater (1616). Ausschnitt aus dem Londonpanorama von J. C. Visscher.

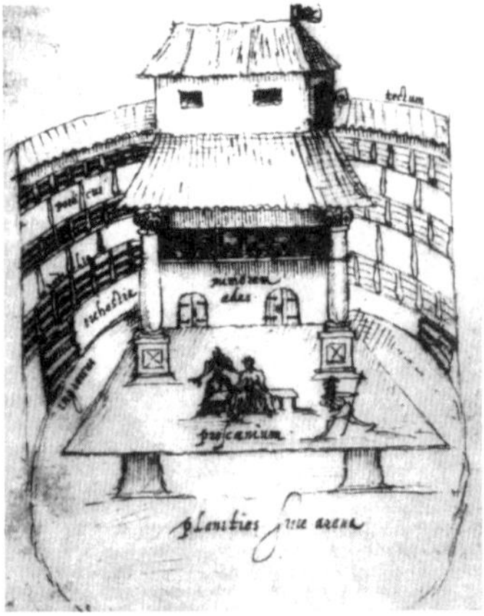

Innenansicht des *Swan* (1596) nach Johannes de Witt.

Das **Elisabethanische Weltbild**.
Der **Korrespondenzenbau der Welt** und die **Kette des Seins**.
Schautafel aus der Enzyklopädie von Robert Fludd, 1617–21.

Elisabeth I. (ca. 1592)

„Oh! Voller Skorpione ist mein Kopf, geliebte Frau!“ (III, 2, V. 36)
Sir Laurence Olivier und **Vivien Leigh** in der Inszenierung von Glen Byam Shaw, 1955.[35]

35 Vgl. Mullin, Michael (Hrsg.): *Macbeth Onstage. An Annotated Facsimile of Glen Byam Shaw's 1955 Promptbook*. Columbia und London: University of Missouri Press, 1976.

Literatur

Primärliteratur

Shakespeare, William: *Macbeth.* Englisch und Deutsch. Übersetzt und herausgegeben von Barbara Rojahn-Deyk. Stuttgart: Philipp Reclam jun., 1996. (Reclam-Universalbibliothek Nr. 9870)
(Nach dieser Ausgabe wird zitiert.)

Shakespeare, William: *Macbeth.* Hrsg. von Bernard Lott. Harlow: Longman Group Limited, 1996. (Reihe *New Swan Shakespeare*, ausführlich kommentiert.)

Shakespeare, William: *Macbeth.* Tragödie. Übersetzt von Dorothea Tieck. Hrsg. von Dietrich Klose. Stuttgart: Philipp Reclam jun., 2001. (Reclam Universal-Bibliothek Nr. 17)

Sekundärliteratur

Adams, Richard (Hrsg.): *Teaching Shakespeare.* Essay on approaches to Shakespeare in schools and colleges. London: Robert Royce Limited, 1985.

Blinn, Hansjürgen (Hrsg.): *Shakespeare-Rezeption.* Die Diskussion um Shakespeare in Deutschland. II. Ausgewählte Texte von 1793 bis 1827. Berlin: Erich Schmidt, 1988.

Brown, Russel: *Shakespeare: The Tragedy of Macbeth.* London: Edward Arnold Ltd, 1963.

Bullough, Geoffrey (Hrsg.): *Narrative and Dramatic Sources of Shakespeare*. Volume VII Major Tragedies: Hamlet, Othello, King Lear, Macbeth. London: Routledge and Kegan Paul, 1973.

Cahn, Victor L.: *Shakespeare the Playwright*. A Companion to the Complete Tragedies, Histories, Comedies, and Romances. New York, London: Greenwood Press, 1991.

Cookson, Linda, Loughrey, Bryan (Hrsg.): *Critical Essay on ‚Macbeth'. William Shakespeare.* Burnt Mill: Longman Group Limited, 1988.

Kliman, Bernice W.: *Shakespeare in Performance. Macbeth.* Manchester, New York: Manchester University Press, 1992.

Muir, Kenneth: *The Sources of Shakespeare's Plays*. London: Methuen & Co Ltd, 1977.

Mullin, Michael (Hrsg.): *‚Macbeth' Onstage*. An Annotated Facsimile of Glen Byam Shaw's 1955 Promptbook. Columbia, London: University of Missouri Press, 1976.

Schamp, Jutta: *Repräsentation von Zeit bei Shakespeare. Richard II., Henry IV., Macbeth.* Tübingen: Gunter Narr, 1997.

Schartmann, Elke: *Einsamkeit bei Shakespeare und in der Renaissance-Tradition*. Heidelberg: Carl Winter, 1990.

Schulze, Fritz W.: *Shakespeare: Macbeth. Dichtung und Wirklichkeit*. Frankfurt am Main: Ullstein, 1964.

Schumacher, Erich: *Shakespeares ‚Macbeth' auf der deutschen Bühne*. Emsdetten: Heinr. & Lechte, 1938.

Smallwood, Robert (Hrsg.): *Players of Shakespeare 4*. Further Essays in Shakespearian performance by players with the Royal Shakespeare Company. Cambridge: Cambridge University Press, 1998.

Suerbaum, Ulrich: *Shakespeares Dramen*. Tübingen und Basel: A. Francke, 2001.
(Bietet eine übersichtliche und umfassende Einführung in das Werk Shakespeares.)

Suerbaum, Ulrich: *Der Shakespeare-Führer*. Stuttgart: Philipp Reclam jun., 2001.
(Der Shakespeare-Führer dient zur Einführung und als Nachschlagewerk.)

Tillyard, E.M.W: *The Elizabethan World Picture*. New York: Vintage Books, 1943.
(Bewährte Darstellung des Elisabethanischen Weltbildes, die für ein Verständnis von Shakespeares Dramen unverzichtbar ist.)

Schülerhilfen

Gibson, Rex (Hrsg.): *Macbeth*. Cambridge: Cambridge University Press, 2000.
(Die Reihe Cambridge School Shakespeare bietet einen produktiven Einstieg in die ‚Macbeth' -Bearbeitung.)

Sale, James: *Macbeth, William Shakespeare*. London: York Press, 1997.
(Die Reihe York Notes bietet eine detaillierte, schülergerechte Analyse des ‚Macbeth'.)

Scott, Robert Owens: *Lektürehilfen William Shakespeare, Macbeth*. Leipzig: Klett, 1996.
(Interpretation der wichtigsten Strukturprinzipien.)

Bedeutende Verfilmungen

Shakespeares *Macbeth* unter der Regie von Roman Polanski (1971).

BBC-TV/Time-Life Produktion unter der Regie von Shaun Sutton (1982).